조선시대 첩의
삶과 애환

조선시대 첩의
삶과 애환

초판 1쇄 인쇄 2024년 11월 18일
초판 1쇄 발행 2024년 12월 2일

—

기　획 한국국학진흥원
지은이 이숙인
펴낸이 이방원

책임편집 조성규　　　**책임디자인** 박혜옥
마케팅 최성수 · 김 준　　**경영지원** 이병은

—

펴낸곳 세창출판사
　　　신고번호 제1990-000013호　주소 03736 서울특별시 서대문구 경기대로 58 경기빌딩 602호
　　　전화 02-723-8660　팩스 02-720-4579　이메일 edit@sechangpub.co.kr　홈페이지 http://www.sechangpub.co.kr
　　　블로그 blog.naver.com/scpc1992　페이스북 fb.me/Sechangofficial　인스타그램 @sechang_official

—

ISBN　979-11-6684-378-5　94910
　　　　979-11-6684-164-4　(세트)

© 한국국학진흥원 인문융합본부, 문화체육관광부

한국국학진흥원 전통생활사총서 35

조선시대 첩의
삶과 애환

이숙인 지음
한국국학진흥원 기획

세창출판사

한국국학진흥원에서는 2022년부터 문화체육관광부의 지원으로 전통생활사총서 사업을 기획하였다. 매년 생활사 전문 연구진 20명을 섭외하여 총서를 간행하기로 했다. 지난해에 20종의 총서를 처음으로 선보였다. 전통시대의 생활문화를 대중에 널리 알리기 위한 여정은 계속되어 올해도 20권의 총서를 발간하였다.

한국국학진흥원은 국내에서 가장 많은 약 65만 점에 이르는 민간기록물을 소장하고 있는 기관이다. 대표적인 민간기록물로 일기와 고문서가 있다. 일기는 당시 사람들의 일상을 세밀하게 이해할 수 있는 생활사의 핵심 자료이고, 고문서는 당시 사람들의 경제 활동이나 공동체 운영 등 사회경제상을 이해할 수 있는 자료이다.

한국의 역사는 '조선왕조실록'이나 '승정원일기'와 같이 세계적으로 자랑할 만한 국가기록물의 존재로 인해 중앙을 중심으로 이해되어 왔다. 반면 민간의 일상생활에 대한 이해나 연구는 관심을 덜 받았다. 다행히 한국국학진흥원은 일찍부터 민간에 소장되어 소실 위기에 처한 자료들을 수집하고 보존처리를 통해 관리해 왔다. 또한 이들 자료를 번역하고 연구하여 대중에 공개했다. 이러한 민간기록물을 활용하고 일반에 기여할 수 있는 방법으로 '전통시대 생활상'을 대중서로 집필하여 생생하게 재현하여 전달하고자 했다. 일반인이 쉽게 읽을 수 있는 교양학술총서를 간행한 이유이다.

총서 간행을 위해 일찍부터 생활사의 세부 주제를 발굴하는 전문가 자문회의를 개최하고, 전통시대 한국의 생활문화를 가장 잘 구현할 수 있는 핵심 키워드를 선정하였다. 전통생활사 분류는 인간의 생활을 규정하는 기본 분류인 정치, 경제, 사회, 문화로 지정하였다. 이를 기반으로 매년 각 분야에서 핵심적인 키워드를 선정하여 집필 주제를 정했다. 이번 총서의 키워드는 정치는 '과거 준비와 풍광', 경제는 '국가경제와 민생', 사회는 '소외된 사람들의 삶', 문화는 '교육과 전승'이다.

각 분야마다 5명의 집필진을 해당 어젠다의 전공자로 구성하였다. 어디서나 간단히 들고 다니며 쉽게 읽을 수 있도록 최대한 이야기체 형식으로 서술해 달라고 부탁하였다. 다양한 사례의 풍부한 제시와 전문연구자의 시각이 담겨 있어 전문성도 담보할 수 있는 것이 본 총서의 매력이다.

전문적인 서술로 대중을 만족시키기는 매우 어렵다. 원고

의뢰 이후 5월과 8월에는 각 분야의 전공자를 토론자로 초청하여 2차례의 포럼을 진행하였다. 11월에는 완성된 초고를 바탕으로 1박 2일에 걸친 대규모 학술대회를 개최하였다. 포럼과 학술대회를 바탕으로 원고의 방향과 내용을 점검하는 시간을 가졌다. 원고 수합 이후에는 각 책마다 전문가 3인의 심사의견을 받았다. 2024년에는 출판사를 선정하여 수차례의 교정과 교열을 진행했다. 책이 나오기까지 꼬박 2년의 기간이었다. 짧다면 짧은 기간이다. 그러나 2년의 응축된 시간 동안 꾸준히 검토 과정을 거쳤고, 토론과 교정을 통해 원고의 완성도를 높이기 위해 분주히 노력했다.

전통생활사총서는 국내에서 간행하는 생활사총서로는 가장 방대한 규모이다. 국내에서 전통생활사를 연구하는 학자 대부분을 포함하였다. 2023년도 한 해의 관계자만 연인원 132명에 달하는 명실공히 국내 최대 규모의 생활사 프로젝트이다.

1990년대 이후 폭발적으로 증가했던 일상생활사와 미시사 연구에 대한 학계의 관심이 근래에는 소홀해진 상황이다. 본 총서의 발간이 생활사 연구에 활력을 불어넣는 계기가 되기를 기대한다. 연구의 활성화는 연구자의 양적 증가로 이어지고, 연구의 질적 향상 또한 이끌 것이다. 그렇게 된다면 전통문화에 대한 대중들의 관심 역시 증가할 것으로 기대한다.

본 총서는 한국국학진흥원의 연구 역량을 집적하고 이를 대중에게 소개하기 위해 기획된 대표적인 사업의 하나이다. 참여한 연구자의 대다수가 전통시대 전공자이며 앞으로 수년간 지속적인 간행을 준비하고 있다. 올해에도 20명의 새로운 집필자가 각 어젠다를 중심으로 집필에 들어갔고, 내년에 또 20권의 책이 간행될 예정이다. 앞으로 계획된 총서만 100권에 달하며, 여건이 허락되는 한 지속할 예정이다.

대규모 생활사총서 사업을 지원해 준 문화체육관광부에 감사하며, 본 기획이 가능하게 된 것은 한국국학진흥원에 자료를 기탁해 준 분들 덕분이다. 다시 감사드린다. 아울러 총서 간행에 참여한 집필자, 토론자, 자문위원 등 연구자분들께도 감사인사를 전한다. 책의 편집을 책임진 세창출판사에도 감사드린다. 이 모든 과정은 한국국학진흥원 여러 구성원의 노력이 있었기에 가능했다.

2024년 11월
한국국학진흥원 인문융합본부

차례

책머리에   4

들어가는 말   10

1. 첩의 문화적 기원: 고대 경전 속의 처첩   17

2. 조선 전기 첩의 이념과 제도화   27

    다처제에서 유교적 처첩제로   29

    적첩 쟁송의 사례들   45

3. 조선 후기 첩 예론과 담론   63

    예론을 통해 본 첩의 지위   65

    첩을 둘러싼 이야기들   77

4. 세 유형의 첩   85

    아들을 얻기 위해   88

    생활의 관리와 수발   92

    성애性愛의 대상   101

5. 주어진 삶, 도전하는 의식 107

　서녀로 태어나 첩이 되다 109
　첩의 자기 인식과 도전 114

나오는 말 132
주석 138
참고문헌 144

조선 사회에서 여성은 어떤 신분이든 그 신분 내 남성의 주변인으로 배치되었다. 여필종부女必從夫나 남존여비男尊女卑라는 유교적 언어들이 제도와 이념을 주도한 것이다. 가족제도 안으로 들어가면 여자는 한 남편을 두지만 남자는 여러 명의 아내를 둘 수 있다. 여러 명의 아내에서 한 명만 처妻이고 나머지 아내는 첩妾이 되었다. 일처一妻 외에 1인 이상의 첩妾을 승인하는 것은 일부일처의 형식을 취하지만 실제로는 일부다처一夫多妻인 셈이다. 그런 점에서 일부일처제라는 혼인 원칙은 아내(妻) 된 자의 의무이지 남편(夫) 된 자의 의무는 아니다. 다시 말해 처와 첩으로 구분은 되지만 여러 명의 아내를 두는 것이 불법인 사회는 아니었다. 첩을 원하지 않거나 첩을 두고 싶어도 능력이 안 되어 들이지 않을 뿐 법으로 금지된 것은 아니다.

남편과 처첩으로 이루어진 가족일 경우 남편은 둘 이상의 아내에 대한 절대적인 지배권을 가진다. 처첩妻妾으로 병칭되는 아내들은 남편을 하늘처럼 받들어야 하는 자로 설정되었다.[1] 그래도 처는 '부부는 한 몸(夫婦一體)'이라 하여 명분상 남편과 동등한 지위를 갖지만 첩의 경우는 권리는 없고 의무만 있는 매우 취약한 위치에 놓여 있다. 첩은 남편은 물론 남편의 처에게도 종속되어 있는 존재다. 첩을 부실副室, 측실側室, 소실小室이라고 한 것은 정실正室을 보조하거나 주변에 위치하며 대소大小와 같은 집단 내의 서열을 반영한 것이다. 또한 첩이 남편을 '군君'으로, 처를 '여군女君'으로 칭한 것은 신하와 임금의 위계에 상응하는 것으로 여겼기 때문이다. 그런데 애정과 의무의 동시 충족이라는 부부의 원론적 정의에서 볼 때 처 역시 애정적으로 늘 첩과 경쟁하는 위치에 놓인다. 즉 처와 첩이라는 두 부류의 아내를 동시에 인정하는 제도에서는 모든 여성이 남성의 종속적 지위에 머물 수밖에 없다.

첩은 분명 가족의 일원이지만 그 가족의 계보와 권리에서는 배제되거나 주변화된 존재다. 그런 점에서 첩은 조선사회의 차별 기제와 차별화의 논리를 극명하게 드러내 주는 존재이기도 하다. 그들은 가족 안에서 보면 가족 밖의 사람이고, 가족 밖에서 보면 가족 안의 사람이다. 즉 가족의 경계인, 가족의 주변인이다. 한편 첩에는 양인이나 양반 신분의 양첩良妾과 기생이나 여비女婢에서 나온 천첩賤妾이 있는데, 그에 따라 첩 내부는 다시 위계화된다. 양첩이 낳은 자녀는 서자녀가 되지만 천첩이 낳은 자녀는 얼자녀가 된다. 첩 소생의 자녀들은 서자, 얼자 또는 서녀, 얼녀로 불리는 것에 반해 처의 소생은 적자嫡子, 적녀嫡女라 하지 않고 자子, 녀女로 불린다. 즉 자녀에는 아들과 딸이 있고, 서자와 서녀, 얼자와 얼녀가 있는 것이다. 가족 속 첩의 위치나 첩의 가족적 의미를 보기 위해서는 천첩에 비해 상대적으로 가족적 유대가 강한 양첩을 대상으로 할 필요가 있다.

첩은 가족과 신분이 중층으로 얽혀 있는 여성 존재이면서 조선시대 여성 삶의 한 유형이었다. 신유학에 의한 종법적 가족 사상이 조선의 건국 이념과 만나면서 혼인 가족과 관련된 모든 것이 새로 재편되는데, 첩의 제도화도 그 일환이었다. 여러 아내가 동시에 가능한 것이 가부장적 권력의 소산이라면 그녀들을 분류하고 의미화하는 방식은 문화마다 다를 것이다. 그러면 조선은 왜 첩의 제도를 만들었고 어떻게 운용했는가. 첩이라는 존재가 조선 사람의 가족적 삶에서 어떤 의미를 가지는가. 조선시대 여성 삶의 한 유형인 첩을 제대로 읽어 내기 위해서는 제도와 담론과 현실 등 다각도의 접근이 요구된다.

조선사회에서 전개된 첩 제도의 이념적 기원을 추적하다 보면 고대사회 유교 경전의 시대까지 닿게 된다. 이에 유교의 기원이 되는 초기 문자의 형성에서 첩의 가족적 위치가 정해지는 유교 종법제에 주목하게 되었다. 적장자嫡長子의 개념이나 무이적無二嫡의 용어 등은 첩과 소생 자녀의 배제를 뜻하는 것이다.

조선에서 첩과 그 소생 자녀에 대한 규정과 해석은 늘 고대 경전의 인용으로 대체된다는 점에서 그 기원을 확인할 필요가 있다. 고전에서 첩은 항상 처妻의 대항 개념으로 쓰이는데, 둘은 혼인의 방법과 혼인 후의 지위 등에서 차별화되었다. 첩의 승인은 정치 혼인과 애정 혼인의 모순을 보완하기 위한 남성 측 장치라는 점을 분명히 할 필요가 있다. 유교 가부장제는 가족의 영속성을 보장해 주는 측면에서 처의 존재를, 생물학적 욕구를 실현시켜 주는 측면에서 첩의 존재를 배치했다. 이러한 유교 종법제의 처첩 구도가 조선시대 첩의 삶과 담론의 이념적 안내 역할을 한다.

유교를 국가 이념으로 한 조선의 건국으로 기존의 다처제가 유교적 처첩제로 전환되는데, 신유학적 가족 개념으로 일상을 재편하려는 일환이었다. 먼저 처첩 및 적서의 제도화가 추진되는데, 첩과 그 소생 자녀를 새로운 사회통합의 원리로 관리할 필요가 있었던 것이다. 건국기의 가족 문제는 다처병축多妻竝畜의 현실에서 누가 처고 누가 첩이 되는지 처첩의 분수分數를 세우는 일이었다. 유교 경전의 처첩론과 『대명률』의 처첩 규정을 참고로 하여 처첩의 제도를 만드는 일이 국정의 주요 사안이었다. 전반적인 기조는 처는 존귀尊貴하고 첩은 비천卑賤한 존재로 규정해 나가는 것이다. 여기서 서로 처妻임을 주장하는 쟁적상송爭嫡相訟이 일어나는데, 15세기 소송의 주요 쟁점이었던 만큼 빈번하게 일어났다. 종법 가족의 근간인 처첩제는 이후 역사에서 배제와 차별의 기제로 활용되었다.

처첩분간이 일단락되는 16세기 이후의 조선사회는 첩으로서의 위치와 의무를 습득하는, 이른바 심화 단계로 접어드는데 그 역할을 예학이 담당한다. 분간分揀의 사례를 통해 처와 첩의 조건들이 분명해지자 첩과 첩자에 대한 가족적 사회적인 정교한 규범을 만들 필요가 있었기 때문이다. 첩과 첩자는 하나의 신분층을 형성하게 되는데, 특히 17세기 이후 예론이 활성화되면서 가족 내 첩의 지위와 의무 등도 이 맥락에서 담론화된다. 조선 후기의 예설禮說은 기존의 예법서인『의례儀禮』와 그에 기초한『대명률』및『경국대전』등을 대부분 수용하면서 변화된 시대상을 반영하는 방식이다. 이에 첩 및 첩자妾子의 예학적 위치와 담론을 살펴볼 필요가 있다. 첩이 사용하는 예학적 호칭이나 첩으로서 시부모, 남편, 남편의 처, 남편의 장자 등을 위해 입는 복상服喪의 의무를 제시한 것이다. 또 첩으로서 가족 구성원에게 받는 복服과 예학적 설명에서는 첩모妾母로서, 서자의 생모로서 첩의 예학적 위치를 세세하게 규정하였다. 첩에 관한 담론은 윤리나 제도와 연계되기도 하지만 다양한 형태의 자료를 통해 이야기되기도 한다. 제도적으로 첩의 지위는 매우 낮지만 가족들의 정신적 지주로서 영향력을 행사한 서모나 서조모의 경우도 많은데, 기록으로 전해 온다.

첩을 왜 들이는가. 조선시대 양반들이 첩을 들이는 목적은 대략 세 유형이었다. 아들을 얻기 위한 첩, 가사 관리와 수발을 위한 첩, 성과 애정 등 종욕縱欲의 대상으로 들인 첩이 그것이다. 첫 번째 유형은 정실부인이 생존해 있으면서 자식이 없는 경우 후사後嗣를 목적으로 첩을 들인 경우다. 혼인과 이혼이 엄격하게 규제된 사회에서 정실에서 자식을 보지 못했을 때 첩은 가장 쉬운 선택지가 되었다. 이 경우 서자를 얻어 가계를 잇게 하기도 하지만 생물학적 후사를 얻는 데 만족하기도 했다. 두 번째 유형은 처가 생존해 있지만 주부로서의 역할을 할 수 없는 경우 또는 노년에 들어 사별하여 대등한 신분에서 처를 맞이할 수 없는 경우이다. 즉 가사 관리나 가장의 수발을 들기 위한 첩이다. 이 또한 처의 자격을 엄격하게 규정한 조선사회의 혼인 정책과 맞물린 현상이다. 세 번째 유형은 정실부인이 생존해 있고 후사로 삼을 자식이 있는데도 첩을 들이는 경우다. 후사를 걱정할 일도 없고 가사를 담당할 주부를 구할 일도 없는 상황의 축첩은 대개 종욕縱欲 또는 탐욕이 작용한 것이다. 이 유형은 부와 권력을 과시하거나 향유하는 하나의 방식이기도 한다.

가족이지만 제도와 이념에 의해 주변화된 첩은 스스로를 어떻게 인식할까. 양반의 첩이 되는 경우는 대개 양반의 서녀로 태어나 운명적으로 정해진 수순을 밟는 것일 따름이다. 그래서 서녀의 경우는 제도나 이념 등의 공식적인 위치에서 포착되기보다 첩으로 가는 과정적 존재로 언급되는 정도이다. 따라서 첩의 자기 인식이란 태어날 때부터 형성된 자의식에서 벗어날 수 없을 것이다. 서녀로 태어나 성장하여 혼인에 이르는 과정의 파편적인 기록을 통해 첩의 자기 인식을 유추할 수 있을 것이다. 또 첩으로서 자신의 신분을 넘어서기 위한 도전과 분투의 기록들을 살펴보고자 한다. 첩에 관한 연구는 주로 그 소생인 서얼庶孼을 중심으로 가족사, 사회사, 법제사의 영역에서 주로 다루어졌고, 페미니즘의 시각으로 첩과 서녀를 규명한 시도도 있다.[2] 이를 바탕으로 이 책에서는 조선시대 첩 또는 처첩 담론의 기원과 역사에 주목하였다.

1
___

첩의 문화적 기원:
고대 경전 속의 처첩

글자 첩妾은 한자의 원형인 갑골문에 나오는데, 그만큼 역사가 오래되었다. 여기서 첩은 처妻와 같은 의미로 남편의 배우자를 지칭했다. 중국 고대왕국 상商(기원전 16세기-기원전 11세기)의 전통에서는 처와 첩의 구분이 없었다. 배우자를 지칭하는 여성 명사인 모母, 처妻, 첩妾, 석奭이 동의어로 사용되었다.[3] 여성 배우자를 가리키던 첩과 처가 이후 역사적 전개를 따라 분화되고 위계화하는데, 무엇보다 가족질서와 가족관계를 부계중심으로 설계한 종법제의 발전과 함께 한다. 이 종법제에 의해 가족 관련 용어들이 가부장의 권리와 편의를 확보하는 쪽으로 전개된 것은 근대 이전 동아시아 유교문화권 사회들의 공통된 모습이다. 혼인형태나 친족에 대한 호칭의 분화는 가족제도 전개를 나타내는 유력한 지표가 되는데, 첩의 가족적 사회적 지위는 유교 가부장제의 '발전'과 확대의 정도에 의해 좌우되었다.[4]

한대漢代(기원전 202-기원후 220) 종법적 전제군주제하의 지식인들은 문자에 담긴 뜻을 규명하는데, 처妻와 첩妾이 어떤 존재인가를 설명하였다. 전한前漢의 유학자 동중서(기원전 176-104), 후한의 문자학자 허신(58-148), 후한의 경학가 정현(127-200) 등은 '처는 남편과 똑같은[가지런한] 자'로 정의하고 '첩은 때로 만나 사랑[성교]을 하는 자'로 규정하였다.[5] 즉 부처夫妻는 동등한 관계이지만 첩은 접견이나 접행接幸의 용도로 정의한다.[6] 처는 가문끼리의 합의에 의하고 혼인의 예를 통해 맞이한 아내인 데 반해 첩은 일정한 격식이 필요치 않았다.[7] 즉 예를 갖추어 맞이한 여자를 처妻라고 하고, 야합이나 예를 갖추지 않고 데려온 여자를 첩妾이라고 했다.

처와 첩의 사회적 지위는 '아내를 맞이하다(취처娶妻)'와 '첩을 사다(매첩買妾)'는 용어에서 그대로 드러난다. 그리고 처와 첩의 관계는 주인과 노예 또는 상하 위계적인 성격이다. 첩이 처를 '주모主母'라고 부르거나[8] 처에 대한 첩의 복상은 며느리가 시부모에게 행하는 것과 같은 수준으로 했다.[9] 다시 말해 처와 첩은 여성 내부를 가르는 계급 개념으로 이해할 수 있다.

처첩제는 종법제를 구성하는 주요 근간이다. 이는 법적 혼인 관계에 있는 아내와 사실혼 관계에 있는 아내를 동시에 인정하는 제도이다. 처와 첩을 법적으로 인정하면서 그들의 신분을 확실하게 구분하는 종법의 의도는 무엇일까. 그것은 가족(종족) 내부의 권리와 재산을 계승할 자를 정하는 문제와 관련되어 있다. 즉 처첩제는 적장자 계승제와 동전의 양면이다.

> 대를 이을 자식은 귀천을 기준으로 하고 나이를 따지지 않는다. 정식 부인에서 난 자식일 경우 나이를 기준으로 하고 현명함을 따지지 않는다. 이것이 곧 전자傳子 상속법의 핵심이다.[10]

　종법제의 계승원칙에서 가장 중요한 것은 어머니가 아버지와 정식 혼인 관계에 있는가 아닌가에 있다. 첩의 자식이 처의 자식보다 먼저 태어났다 하더라도 처의 자식이 계승자가 되는 것이다. 즉 어머니의 신분이 가장 중요하고 아들의 나이가 그다음으로 중요한 데 비해 후계자의 인품과 재주는 가장 비중이 낮았다. 종법에서 규정한 처와 첩의 엄격한 구분이 잘 지켜지지 않는 것은 정치권력이 양분되어 혼란을 초래하는 것과 같은 차원에서 해석되었다.[11] 처첩의 구분은 사실상 적자와 서자를 구분하기 위한 것이고, 그것은 정치 경제적 분배 문제를 해결하기 위한 방안이었다.

그렇다면 첩은 왜 필요하며, 첩은 누구의 이해를 반영한 것인가. 먼저 첩은 처에게서 자식을 얻지 못했을 경우 자식(아들)을 얻기 위한 것에 목적이 있다고 한다. 문왕의 부인 태사太姒는 남편이 많은 자식을 얻을 수 있도록 첩을 많이 거느리는 것을 용인한 것으로 담론화된다. 『시경』 「대아」 편에는 그런 태사를 찬미하는 내용이 있다. 자손의 번창을 노래한 「인지麟趾」 편과 「종사螽斯」 편도 수많은 첩의 존재와 그것을 용인한 처의 미덕을 칭송한 것이다. "문왕이 백 명의 아들을 둔 것은 태사의 아름다움(太姒之徽) 때문"이고 "메뚜기의 웅웅거리는 날갯짓은 태사의 어짊(太姒之仁)을 노래한 것이다."[12] 아내를 많이 두면 자식을 많이 얻을 수 있고, 자식이 많으면 복이 많다(多娶多子, 多子多福)는 말이 진리로 통용되었다.

그런데 첩을 들이는 것이 과연 '많은 자식(多子)'을 얻기 위한 목적이었나? 혈통 사회에서 많은 자식을 원한 것은 사실이지만, 첩의 자식을 얻고자 한 것은 아니었다. 첩의 자식은 경제·정치적 분배 문제에서 오히려 분쟁의 요인이 되기 때문이다. 따라서 첩은 그 자식을 의도하고서 설정된 존재라는 데서보다는 남성의 생물학적 욕망에서 그 일차적인 원인을 찾아야 한다. 첩을 남성의 성적 욕망이라는 측면에서 조명할 때 종법이 남성 중심의 제도화뿐 아니라 남성 욕망의 극대화를 조장해 온 것을 알 수 있다. 동진東晉의 정치가 사안謝安(320-385)의 처는 『시경』「종사螽斯」에 담긴 의미를 정확하게 지적한다. 즉 자식을 얻기 위해 첩을 들이겠다는 것은 누구를 위한 것인가를 반문한다. 남성의 이해를 반영한 말이라는 것이다.

처첩제는 사실상 일부다처제一夫多妻制이지만 명분상은 일부일처제이다. 종법의 일부일처제는 '부부가 각각 한 사람의 배우자를 정해 놓는다'는 일부일처제의 기본 원리와는 달리 사실은 여성에 대한 규제 요구이다. 여자만이 정해진 한 남자에 구속된다는 것이지 남자가 정해진 한 여자에게 구속되는 것은 아니라는 말이다. 즉 처첩제는 한 남자가 동시에 많은 여자를 거느릴 수 있다는 것이다. 이는 남성의 성욕을 보장하면서 여성의 성욕은 통제하는 구조이다.

처첩제를 승인하며 처와 첩의 지위를 동등하게 할 수 없는 것은 상속 문제 때문이다. 아버지의 신분을 계승할 수 있는 자식은 단 한 사람에 불과하므로 그 계승의 원칙이 없다면 수많은 자식들 사이에 다툼이 일어나 골육상쟁을 초래할 수 있다. 정치와 경제의 분배 문제를 둘러싸고 벌어질 형제 간의 갈등을 해결하기 위해서는 무엇보다, 누구도 바꿀 수 없는 선험적인 원칙이 필요했고, 그것은 그 어머니의 성분을 서열화하는 것이다. 수 명의 자식 중에서 정식 처가 낳은 자식, 그 가운데서도 맨 처음 태어난 자식을 후계자로 삼는다는 것이 적장자계승제嫡長子繼承制이다. 적자嫡子는 첩자妾子 또는 서자庶子의 상대 개념인데, 이것은 처첩의 위계화로 파생된 것이다. 누가 아버지의 신분과 재산을 계승할 것인가의 문제와 직면할 때 아버지의 수많은 아들의 분쟁을 해소할 장치가 필요한데 처첩의 분변은 바로 상속 자격을 규정하는 문제인 것이다.

『맹자』에는 춘추시대 오패五霸의 맹약 다섯 조항을 소개하는데, 그 첫째가 "불효한 자를 벌하고 적자嫡子[이미 정한 후계자]를 바꾸지 않으며 첩을 처로 삼지 않는다"[13]는 것이다. 이로 볼 때 적서 구분과 처첩 분변은 춘추시대 정치적 혼란을 방지하기 위한 장치이다. 중국 근대 사상가 왕국유(1877-1927)는 서주 종법에서 사람 쓰는 자격은 '입자입적立子立嫡'에 있는데, 그것은 '안정을 추구하며 분쟁을 없애는(求定而息爭)' 방안이었다고 한다. 다시 말해 처첩제妻妾制는 정치 혼인과 애정 혼인의 모순을 보완하기 위한 남성 측 요구의 제도이다. 처첩제는 인간 재생산과 생물학적 욕구 실현이라는 혼인의 두 가지 큰 의미를 남성에게만 허용한 것이다. 남성에게 있어서 처의 존재는 가족의 영속성을 보장해 주는 측면에서, 첩의 존재는 생물학적 욕구를 실현시켜 주는 측면에서 의미를 가진다고 할 수 있다.

신유학적 질서 개념을 채택한 조선은 종법의 근간을 이루는 처첩제, 적서제 등의 가족제도를 도입한다. 종법의 처첩제적 이념이 사회 전반에 확산됨으로써 첩妾과 첩자妾子가 있게 되었고, 생존 방식의 하나이자 삶의 한 유형이 되었다. 사실 처첩 간의 갈등이 여성 내부의 문제로 환원되는 것이다. 즉 첩은 자신의 낮은 사회적 신분을 처를 향한 원망으로 치환시키고, 처는 첩과의 심리적 갈등 원인을 첩에게서 찾는 구조가 생산된다. 반면 가부장제는 여자들의 갈등을 관조 또는 중재하며 책임을 비껴가는 형태로 여자들의 질투를 누르기 위한 방안을 모색하고 개발하여 부덕婦德 또는 여덕女德의 이름으로 유포시킨다.

2

조선 전기
첩의 이념과 제도화

다처제에서 유교적 처첩제로

조선 건국의 설계자들은 신유학적 가족 개념에 따라 처첩妻妾 및 적서嫡庶의 제도화를 추진한다. 처와 첩 그리고 그 소생들 사이에 일종의 질서를 세울 필요가 있다는 것이다.[14] 이에 처와 첩을 구분하는 것이 가족윤리와 사회윤리를 세우는 주요 사안이 되었다. 즉 "선왕先王의 예禮가 적첩嫡妾의 분수를 엄하게 한 것은 대륜大倫을 밝히고 가도家道를 바루기 위한 것이다"(태종 3년 11월 18일)라는 것이다. 이러한 맥락에서 사헌부는 "적첩嫡妾의 분수를 세울 것을 상소"하는데, 조선 건국 20여 년 만의 일이다.

부부는 인륜의 근본이니 적첩의 분수를 어지럽게 해서
는 안됩니다. … 고려 말에 예의禮義의 교화가 실행되
지 못해 부부의 의리가 문란해지기 시작하여, 경卿·대
부大夫·사士 등이 오직 제 욕심만을 좇고 애정에 혹하여
처가 있는데도 처를 얻는 자가 있고, 첩으로서 처를 삼
는 자도 있어 드디어 지금은 서로 소송하는 실마리가
되었습니다. …『대명률』에는 처가 있는데도 첩을 처로
삼은 자는 장 90대에 원래대로 바루고, 처가 있는데 다
시 처를 얻은 자는 장 90대에 이이離異한다고 했습니다.

- 태종 13년 3월 10일

바로 다음 날 처첩분간법妻妾分揀法이 발호되었다. 즉 태종
13년(1413) 3월 11일을 기점으로 이전 예를 통해 병축竝畜한 다처
는 모두 적처로 인정하고, 3월 11일 이후에는 다처병축을 법으
로 다스린다는 내용이다. 그리고 "적첩 분변은 귀천과 존비를
가리는 차원에서 행해져야 한다"(태종 13년 4월 16일)라고 하고, 서
얼 자손의 관직에 제한을 두는 방식으로 처첩을 구분하라는 논
의가 나온다(태종 15년 6월 25일). 처는 존귀尊貴하고 첩은 비천卑賤
한 존재로 규정하는 제도가 나오기 시작한 것이다.

하지만 유교적 사회윤리가 사회 전반에 확산되기까지는 상

당한 시간이 요구되는데, 그사이 기존의 혼습과 갈등하게 된다. 즉 '하나의 처'라고 하는 '무이적無二嫡'의 혼인 원칙은 서로 적嫡임을 주장하는 '쟁적상송爭嫡相訟'을 야기했다. 이에 국가는 "두 처가 있을 경우 은의恩義의 차이, 이혼이나 별거 여부, 동거 여부로 처와 처를 분간하라"(태종 17년 2월 23일)는 판결을 내는가 하면 변례를 가동시켜 다처병축多妻竝畜의 당사자를 구제받도록 했다.[15]

조선 건국의 설계자들은 유교 경전經傳의 처첩관妻妾觀을 이념적 모델로 삼고 『대명률大明律』을 형정刑政의 모본으로 하였음을 알 수 있다. 다시 말해 조선이 추진한 처첩의 제도화란 고려시대의 혼인 유습인 다처제를 '예무이적禮無二嫡'의 유교적 혼인으로 개정한다는 취지이다. 일부다처 또는 중혼重婚의 혼속은 조선 초기에도 자연스러운 현상이었는데, 이성계의 부친 이자춘은 이씨·최씨·김씨의 3처를 함께 두었는데, 이성계는 두 번째 최씨 소생이다. 이성계 자신도 한씨·강씨 두 처를 동시에 두었다. 한씨 소생의 이방원이 아버지의 두 번째 부인 강씨가 자신에게 계모가 되는지 서모가 되는지를 신하에게 문의한 것[16]을 보면 당시에도 처첩의 개념이 분명하게 정립되지 않았음을 알 수 있다. 이제 조선의 지배층은 국가의 존립과 체제의 안정을 명목으로 법제화라는 강제력을 이용하여 인위적으로 유교적 사회윤리를 보급시키고자 한다. 처첩분변妻妾分辨의 문제도

이러한 맥락에서 제기되었다. 그것은 고려시대의 혼인 유습인 다처제를 일부일처제의 형태인 예무이적禮無二嫡의 유교적 혼인으로 개정한다는 취지이다. 그렇다면 조선 초기 지배층이 본 고려의 혼인풍습은 어땠는가.

> 고려 말에 관직자들은 경외京外에 두 처를 함께 둔 자도 있고, 다시 장가들고서 도로 선처先妻와 합한 자도 있으며, 먼저 첩을 들이고 뒤에 처를 얻은 자도 있고, 먼저 처를 얻고 뒤에 첩을 얻은 자도 있고 또 일시一時에 삼처三妻를 함께 둔 자도 있었다. 남편이 죽은 뒤에 그 자식들이 서로 적자嫡子를 다투어 소송이 많이 발생했는데, 그것은 처가 있는데 다시 처를 얻는 것을 금지하는 법이 없었기 때문입니다.
>
> – 태종 17년 2월 23일

'부부가 인륜의 근본(夫婦人倫之本)'이라는 취지는 고대 경전에 자주 등장하는 유교의 보편적인 부부관이다.[17] 처妻 또는 부婦는 유교의 가족 구성에서 매우 중요한 존재로 권위와 의무를 가진 배우자라는 뜻이다. 여기서 남편(夫)과 아내(婦)는 일대일一對一의 관계로서 일부일처一夫一妻만이 용납된다. 그런데 남편에게는 첩이라는 이름의 또 다른 아내가 있을 수 있다. 조선 건국기의 유학 지식인들이 보기에 고려의 혼속은 첩과 처의 경계가 불분명했고, 새로운 가족에서는 처첩의 구별을 제도화하는 것이 우선 과제였다.

그러면 어떤 방식으로 처첩을 구분할 것인가. 태종 14년에는 선처先妻와 후처後妻의 자식들이 각기 적자임을 주장할 경우 그 판결 기준을 정했다. 이에 의하면 일반적으로 선처에 우선권이 있지만, 후처가 더 충실하게 부부의 도를 행했을 경우 선후로 논하지 말고 실상을 조사하여 결정하자는 것이다. 또 혼서婚書의 유무와 성례成禮의 여부에 분간의 기준을 둘 경우 세월이 오래되면 제대로 밝히기가 쉽지 않다는 점을 들어 선후로 논하지 말고 종신토록 동거한 자에게 처의 작위를 준다는 기준을 제시하였다. 즉 "선처와 후처 안에서 은의恩義의 후박厚薄을 분간하여 정한다"(태종 14년 6월 20일)는 것이다.

여기서 논의된 처첩분간의 기준과 원칙은 제도로의 모습을 갖추어 가는데, 태종 17년에는 처첩분간과 그 소생의 적서 분간 그리고 상속의 원칙을 제시한다. 다음의 다섯 항목으로 정리될 수 있다.

① 선처·후처의 은의恩義가 깊고 얕은 것, 버렸거나 별

거한 일이 있고 없었던 것, 동거同居와 동거하지 않은 것을 분간의 기준으로 삼는다.

② 후처로서 종신토록 동거한 자로 부도婦道에 결함이 없는 자에게 작첩爵牒과 전지田地를 주고 노비는 두 처의 자식들에게 고루 나누어 준다.

③ 이혼했다가 다시 합한 선처가 종신한 경우 작첩과 전지를 주고, 노비는 두 처의 자식들에게 고루 나누어 준다.

④ 삼처三妻를 함께 둔 자는 선후를 논할 것 없이 종신토록 동거한 자에게 작첩과 전지를 주고, 노비는 세 아내의 자식들에게 공평하게 나누어 준다.

⑤ 태종 13년 3월 11일 이후에 유처취처有妻娶妻는 엄히 금하여 이혼시킨다.

- 태종 17년 2월 23일

여기서 처첩을 구분하는 기준을 '은의恩義의 후박厚薄'에 둔 것에 대해 유교적 관료지식인들은 문제를 제기한다. '정情의 깊이'에 따라 적실嫡室을 정한다는 것은 '삼강三綱'의 으뜸이어야 할 부부를 논하기에 적절치 않다는 것이다. 다시 말해 유교 혼인의 대원칙인 '이성지합二姓之合(집안과 집안의 혼인)이 아닌, 당사자의 애정을 기준으로 삼은 것을 비판한 것이다.

처첩의 제도화는 신유학적 가족 개조라는 이념적인 문제보다 가족 내부의 권리와 재산을 계승할 자를 정하는 문제, 즉 정치 경제적 분배 문제가 더 큰 것으로 보인다. 서얼차대의 기원을 "용렬하고 무식한 자들이 감정을 품고 앙갚음하려는 계책에 지나지 않았던 것"에 두는 흐름이 있지만[18] 사실은 계승권과 상속권과 같은 현실적인 문제가 더 컸다. 이것은 가부장의 성 욕망을 인정하면서 유교 개념의 가족 질서를 확보하려는 구상이다. 태종 13년, 사간원이 상소를 통해 "적첩 분변은 귀천과 존비를 가리는 차원에서 행해져야 한다"[19]고 한 것은 이후 전개될 적서 차별의 성격을 규정한 것이라 할 수 있다. 적자녀는 존귀하고 서자녀는 비천하다는, 일종의 신분층을 형성하게 된다. 처첩과 적서의 위상이 정해지자 처첩을 분간하는 일이 국정을 좌우할 의제로 떠오른다.

처첩제가 발호된 지 20여 년이 지난 세종 16년 1월에는 처첩제 자체에 대한 문제가 제기되었다. 왕이 "적자가 없으면 양첩자良妾子를, 양첩자가 없으면 천첩자賤妾子에게 그 조상의 덕을 이어받도록 하라"고 하자 영의정 황희黃喜는 "지금 중국에는 없는 적첩嫡妾 구분을 우리나라만 법으로 만들어 시행하는 이유가 무엇인가"라고 한다. 하지만 처첩 문제는 아버지를 계승할 자를 정하는 문제로 확대되며 그들 사이의 위계화는 더 강화되는 쪽으로 전개되었다. 즉 "적자가 없으면 양첩자良妾子를, 양첩자가 없으면 천첩자賤妾子에게 그 조상의 덕을 이어받도록 한"[20]것이다. 적자를 우선으로 하지만 첩자에게도 승중의 자격이 주어진 것인데, 후기로 가면 첩자의 계승권은 아예 배제되고 양자로 대체하는 방향이었다.

첩자의 승중이 승인된 지 3개월이 지난 세종 16년 4월에는 첩자의 승중을 제한하려는 움직임이 형성된다. 영의정 황희는 행실에 문제가 없는 첩이라면 그 자식을 종자宗子로 삼아도 무방하다고 한다. 이에 형조 참판 최사의崔士儀는 "적자嫡子가 없다 하여 '모제의 아들(母弟之子)'을 버리고 서자로 종사宗祀를 잇는 것은 우리나라 습속에 맞지 않는다"고 한다. 처첩분간의 문제는 적서 차별로 향하는데, 서자에 대한 적자의 절대적 우위로 전개된다. 참판 권도權蹈의 주장을 요약하면 다음과 같다.

○ 종자宗子가 무후無後하면 그 모제母弟를 세우고, 모제가 없으면 서자의 맏이(長)를 세우는 것이 예禮다. 하지만 각국의 풍속과 습성이 다르니 우리 식의 조정이 가능하다.

○ 우리나라는 족속族屬을 구별하는 습속이 생긴 지 오래라 사족의 집에서는 모제의 아들을 버리고 서자를 종손으로 세우는 것을 불가하게 여긴다. 천민의 자식을 세워 일족의 종손으로 삼는 것은 말이 안 된다. 죽은 조상이 얼자의 제사를 흠향하지 않으려 할 것이다.

○ 첩자로서 재산을 물려받아 그 가문을 잘 보전한 자는 드물다. 근원이 얕고 흐름이 엷은 까닭이다. 신神은 유類가 아닌 것에서는 흠향을 하지 않는 법이다.

　처첩분간 및 적서 차별은 조선 전기 세종시대에 그 방향이 설정되는데, 그런 가운데 논쟁은 계속되었다. 처첩제 및 적서제를 확정하기 위한 과정으로 보인다. 세조 대에는 첩자에게 과거를 제한하자는 대신들의 주장이 제기되었다. 즉 가계가 공훈을 세운 대관大官의 집안에다 재주가 준수하고 능력이 탁월한 자라 하더라도 첩자의 과거 응시를 금지해야 한다는 것이다. 이유는 국가에서 과거의 선임選任을 중하게 여기고, 적첩嫡妾의 구분을 엄하게 해야 하기 때문이라고 한다.[21] 이에 세조는 어서御書로 응하는데, 적서로 인간을 규정하고 판단하는 것의 근본 문제를 지적한다.

하늘이 백성을 낼 때에 본래 귀천이 없었다. 태종께서 이미 허통하셨고, 지금 또 공신이 되어 길이 양인良人이 되는 것을 허락하였으니, 방애妨礙될 바가 없을 것 같은데, 어찌 본계本系에만 구애하겠는가? 만약 반드시 본계에만 구애한다면 지금 반역反逆하여 종이 된 자도 또한 본계를 추론하여야 할 것이다. 이것은 심히 사리에 불통한 말이므로, 내가 취하지 않는 것이다. 나는 사사로움이 없이 대의大義를 밝힐 뿐이다.

- 세조 6년 8월 27일

최고 통치자 국왕이 보기에 훌륭한 재능이 있더라도 첩자는 안 된다는 관료들의 주장은 대의大義와는 거리가 먼 것이다. 국왕은 차이와 차별을 만들어 내고 포함과 배제의 규칙을 만들어 이익을 독점하려는 관료들이 못마땅했을 것이다. 이렇게 과거 급제를 통해 관직에 진출한 신하들과 국왕이 서 있는 자리는 다르다. 이후의 처첩 및 적서 논쟁에서도 드러나는바 서얼 배제의 법을 제정하고 서자를 철저히 감시·감독하는 쪽은 조정 관료들이다. 이것은 처첩분간과 적서 차별이 권력 분배의 문제와 연결되어 있음을 말해 주는 것이다.

종법 가족의 근간인 처첩제는 이후 역사에서 배제와 차별의 기제로 활용되었다. 특히 부와 권력을 가진 남성의 축첩은 분배의 갈등을 안고 있는데, 그래서 첩자를 사회적 권력으로부터 배제하는 서얼차대庶孽差待를 법제화하였다.

> 적첩嫡妾의 분수는 하늘이 세우고 땅이 베푼 것 같아서 만세라도 바꿀 수 없는 것입니다. 그런데 혹은 첩의 자식이 국가에 공훈이 있는 것도 아니면서 요행으로 진신縉紳[벼슬아치] 사이에 붙어 있으니, 황록추학黃綠鶖鶴[황색과 녹색, 천하고 고귀한 것]이 한 길에 섞여 있어서 참람하고 우악스런 풍속이 모두 이것으로 말미암아 일어나니 조정을 높이고 풍속을 바르게 하는 도리가 아닙니다. 빌건대 첩의 자식으로 응당 써야 할 자라도 동반東班에는 서용하지 말도록 하시면 매우 다행하겠습니다.
>
> — 성종 1년 2월 14일

성종 2년에 반포된 조선 최고 법전 『경국대전』에 첩자의 과거 응시를 금지하는 규정을 올림으로써 서자 배제를 성문화시켰다. 생원시와 진사시, 문과의 모든 과거科擧 응시를 금지하는 것이었다.[22] 첩자의 관직 진출을 금지시킨 법령이 반포되자 관리들의 신분 검증이 시작되었다. 정실 소생인가 첩실 소생인가,

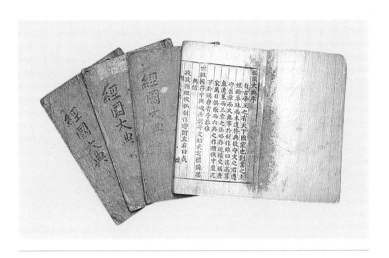

그림1 『경국대전』, 국립중앙박물관 소장

그 시대 인간 이해의 기본 조건이 되었다.

> 강대생은 첩의 소생으로서 특별히 상은上恩을 입어 오
> 랫동안 동반東班을 더럽혔습니다. 옛사람들은 적첩을
> 분간하는 것을 중하게 여겼는데, 오히려 첩을 처로 삼
> 는 자가 있고, 서자를 세워 적자로 삼는 자가 있으니,
> 그 조짐을 삼가지 아니할 수 없습니다. 더욱이 첩자의
> 벼슬을 한정한 것이 『대전大典』에 실려 있으니, 청컨대
> 파직하소서.
>
> ― 성종 5년 1월 14일

처첩의 다름은 천경지의天經地義, 즉 하늘이 내린 절대 진리임을 천명하기 시작한다. 여말 선초의 혼속은 유처취처有妻娶妻, 이첩위처以妾爲妻가 가능한 일부다처첩제였다. 즉 신분이 미천한 비첩이나 기첩 등 천첩을 제외하면 처첩의 분간이 분명하지 않았던 것이다. 다시 말해 태조 대만 해도 당시 중혼제적 혼인풍습이 문제되지 않았다. 태종 대에 들어 이 혼인제의 개편이 제기된다. 이 과정에서 발생한 쟁송과 치죄는 일부다처제적 혼인풍속을 유교적인 일부일처제로 개편하기 위한 것이었다. 이후 처첩이 제도로 정해지는데, 『경국대전』에서 첩과 첩자의 신분이 확정된다. 예컨대 처첩구부조妻妾毆夫條에 의하면 "첩이 남편을 구타하여 절상折傷에 이르면 (처의) 죄를 더하여 교죄(교수형)에 든다"[23]고 하는데, 처첩의 서열화는 모든 영역에서 전개된다.

세종 14년에는 적서를 구분하는 방법을 논의하는데, 과거 응시를 허용하지 않는 방안이 검토된다. 왕이 말하기를 "전조의 말기에 사대부들이 경외京外에 처妻를 두었는데, 혹은 2, 3인의 처를 아울러 두면서 다 적실嫡室이라고 말하므로, 국가에서 그들 사이의 은의恩義의 경중輕重을 따라 적서嫡庶를 구별하였더니, 지금도 사람들이 간혹 아내가 있으면서 또 아내를 얻는 자가 있는데, 그 자손은 어떻게 적서를 구분할 것인가"라고 한다. 판서 정흠지가 대답한다. "국가에 이미 드러난 법령이 있어서, 아내가 있으면서 또 아내를 얻은 자는 즉시 강제 이혼을 시키게 되어 있다"고 한다. 이에 임금은 아내가 있으면서 다시 아내를 얻는 것을 국가가 알 경우 강제 이혼시켜 바로잡으면 되지만 국가가 알지 못하면 어떻게 처리하는가를 묻는다. 또 과거 응시 자격에 대해서는 어떻게 할 것인가를 묻는다. 우의정 권진은 과거에 뽑히면 벼슬길이 열리어 대간에까지 이를 수 있기에 아예 서자의 과거 응시를 허가하지 않아야 한다는 것이다(세종 14년 3월 9일). 이처럼 적서를 구분하는 방안들은 오랜 토론을 통해 법제화되어 감을 알 수 잇다.

여기에는 처첩妻妾 및 적서嫡庶에 대한 이론을 세우는 것과 궤를 같이한다. 존비와 상하를 자연의 질서로 보는 것이다.

> 이제 속육전續六典을 상고하오니, 각품各品의 천첩賤妾에게서 난 아들은 결혼을 각기 그 동류同類에게만 하고, 양반의 가문을 범하여 혼인하지 못하도록 하였사오니, 이것은 귀천을 분변하고 명분을 정하여 뒷세상에 족속族屬이 서로 섞일 것을 염려한 깊은 뜻입니다.[24]

> 아무리 생각해 보아도 존비尊卑의 구분과 상하上下의 등급은 하늘이 세워지고 땅이 설치된 것과 같아서 고칠

수 없는 것이라고 생각됩니다. 만일에 낮은 사람을 높은 지위에 있게 하고 천한 사람을 귀한 자리에 있도록 한다면, 위와 아래의 지위가 바뀌어져서 백성의 뜻이 안정되지 못할 것입니다. 생각건대, 우리나라가 족속을 엄하게 가리고 귀천을 분변한 것은 그 유래가 오래된 것입니다.[25]

법은 천리天理에서 근원되고 예禮는 인정人情으로 인연된 것인데, 중자衆子가 있으면서 첩의 아들로 하여금 먼저 제사를 주관하게 하여서는 인정과 천리에 매우 미안하며, 적嫡을 업신여기고 귀貴를 업신여기며 장長을 업신여기는 풍습이 이로 말미암아 일어날 것이니, 역시 적당하지 못합니다.[26]

적서 분별의 핵심은 바로 이것이다. "적자嫡子와 서자庶子는 똑같이 한 근본에서 나왔으나 그 구분은 지극히 엄격하니, 적자는 마땅히 위안하고 어루만지는 데 뜻을 둘 것이요 서자는 윗사람을 범하는 잘못을 저질러서는 안 된다."[27] 서얼이 정치 현실에서 어떻게 배제되는지, 한 관리가 서자라는 이유로 조정에서 배제되는 과정의 기록을 보면 처첩제가 단순히 처와 첩의 구분에만 있지 않음을 알 수 있다. 이인동의 사례를 보자.

1468년에 목사 이백상의 아들인 이인동과 이인석이 처의 소생인지 첩의 소생인지 분간할 수 없다 하여 보류된 지 오래인데 이때 과거에 응시하게 되었다(세조 14년 1월 11일). 이로부터 11년이 지난 1479년에 사헌부에서 한성부 장적을 살펴본 후 이인석이 말한 것과 다르다는 보고를 올린다. 즉 전모前母의 사망 후 아비가 재혼하여 자신을 낳았다고 했는데, 전모가 살아 있을 때 이인석을 낳았으니 그의 생모는 첩이라는 주장이다. 이에 이인석은 서자가 되었다(성종 10년 9월 27일). 이로부터 7년이 지난 1486년에는 이인석을 점마별감點馬別監의 중요한 직임에 임명한 것은 맞지 않다는 사헌부의 주장에 왕은 능력에 부합하는 인사라고 맞섰다. 하지만 사간원이 다시 이 문제를 제기하며 서얼을 사족과 겨루게 하는 것은 옳지 못하다며 취소하라고 요구하자 왕이 허락하였다(성종 17년 7월 4일). 이인석이 점마의 직책에서 내려온 것이다. 그로부터 다시 1년 후인 1487년에는 이인석이 호송관에 임명되자 사헌부에서 『경국대전』의 "조신朝臣으로 가려 차출한다"는 규정과 맞지 않다며 이인석의 임명을 반대한다. 하지만 왕은 이인석은 참으로 일을 잘하니 호송관에 차출하는 데 문제가 없다며 들어주지 않는다(성종 18년 9월 12일, 14일).

적첩 쟁송의 사례들

조선 건국과 함께 처첩 질서를 규정하고 처첩 제도화가 추진되면서 처첩 또는 적서를 구별하는 법적 다툼이 빈번하게 제기되었다. 누가 서자이고 누가 적자인가, 누가 첩이고 누가 처인가. 태종 13년에 처첩제가 발호되고 50여 년이 지난 세조 11년에는 혼인 구성의 법적 조건을 묻는 쟁송 사건이 일어난다. 졸卒한 중추원부사 김형金泂의 후처 도씨都氏를 첩으로 논정해야 한다는 사헌부의 상소가 있었다.

> 대개 첩은 적처와 병립할 수 없고, 비천한 자는 존귀한 이와 겨룰 수 없으며, 적첩嫡妾의 분수는 천경지위天經地緯이니 문란하게 할 수 없습니다. … 김형은 어려서 민여익의 딸을 아내로 삼았는데, 그 후손이 없는 것을 민망히 여겨 또 도이공의 딸에게 장가들어 아들 둘을 낳았습니다. 그런데 민씨와 동거하면서 종신토록 다른 마음이 없었으니 도씨는 첩이고 그 아들은 서자입니다. 김형이 죽자, 그 아들 김견金堅은 적자가 되려고 춘추春秋의 법으로써 논하나, 결단코 들을 만한 것이 못 됩니다.
> - 세조 11년 1월 29일

세조 11년의 조정에서 논의된 내용을 정리해 보자. 김형이 전처 민씨와 기별했다지만 평생을 함께 살았으므로 두 처가 한 집에 산 것이다. 이는 '아내를 두고서 취처(有妻娶妻)한 율(律)'에 해당하므로 법에 따라 전처를 적처로 삼고 후처를 첩으로 삼아야 한다. 게다가 도씨가 첩이었다고 증언하는 사람이 매우 많다. 반면에 도씨 측은 신분이 사족에다 혼서가 있으니 전처 민씨와 이혼한 자리에 들어간 후처가 맞다고 한다. 논쟁의 소지가 많은 이 건에 대해 사헌부는 처첩을 가리는 문제는 한 개인 한 집안의 문제가 아니라 국법을 지키는 문제이기 엄격하게 적용해야 한다며 도씨를 첩으로 삼아야 한다고 주장하였다. 그런데 이로부터 반년 후 사헌부는 이전의 강력한 주장을 버리고 김형의 후처 도씨를 첩이 아닌 후처로 논정할 것을 발의하는데, 이에 왕이 승낙한다(세조 12년 6월 13일). 도씨가 후처가 됨으로써 그의 아들 김견은 적자가 된 것이다. 이 사건은 기존 혼속이 잔존하는 상황에서 변례를 사용하여 구제하는 쪽으로 판결을 낸 것이다. 이와 유사한 본격적인 쟁송은 10여 년 후 성종 7년(1475)에 재점화되는데, 당시 가장 논란이 되었던 두 집의 사례는 15세기 처첩 문제의 결정판이라 할 수 있다.

첫 번째 사례인 홍윤성(1425-1475)은 세조의 즉위를 도와 좌익공신에 오른 후, 영의정 등의 재상을 지냈으며 종국에는 인산

부원군에 진봉되었다. 그런 홍윤성은 50의 나이로 죽음을 맞이하는데, 그 7개월 후에 두 처 남씨와 김씨의 적첩을 가르는 쟁송이 조정의 의제로 떠오른다. 처음 문제가 제기되었을 때, 왕은 정승이 살았을 때는 가만있다가 죽고 나서 문제를 만드는 것은 옳지 않다고 하자, 사간원은 '강상綱常을 바로잡는 일'이라고 하여 개별 집안의 문제를 보편 법질서의 차원으로 확대시킨다. '홍윤성 처첩 쟁송'은 성종 7년(1476) 4월 4일에 시작되어 5, 6차례 조정의 논의를 거쳐 3개월 후인 7월 8일에 왕명에 의해 결론이 나는데, 뒤의 부인 김씨를 후처로 논정한다는 것이다. 그런데 바로 며칠 후 대간臺諫의 상소로 홍윤성이 김씨와 혼인례를 행하지 않았다는 이유를 들어 김씨는 첩이라고 한다. 조정의 주요 의제가 된 홍윤성의 아내 김씨의 처첩분간은 수차례에 걸쳐 진행되는데, 쟁점을 정리하면 다음과 같다.

알려진 바로 홍윤성은 선처先妻 남씨에게서 후사를 얻지 못하자 이혼하고 김씨에게 새장가를 들어 아들을 낳았다. 이혼하고 재혼한 것은 병처幷妻가 아니므로 국법에 저촉되지 않을뿐더러 재혼한 여성은 처妻의 지위를 갖게 된다. 따라서 두 처 가운데 남씨는 전처前妻가 되고 김씨는 후처後妻가 된다. 그러나 양사兩司(사헌부와 사간원)는 김씨와 정식 혼례를 치르지 않았다는 점, 전처 남씨를 버리지 않고 함께 살았다는 점 등을 문제 삼았다. 이는 태종 17년(1417)에 규정된 처첩분간의 기준인 "버렸거나 별거한 일의 여부, 동거同居 여부"을 적용한 것이다. 반면에 김씨는 사족이므로 애초에 첩이 되기를 허락하지 않았을 것이고, 홍윤성은 기별한 남씨와 함께 살지 않았다고 한다. 그런데도 사헌부는 법을 훼손하면 안된다는 원론적인 주장을 되풀이한다.

> 처첩妻妾의 분변은 관계되는 것이 지극히 중대하므로 문란하게 할 수는 없습니다. 혼례를 갖추지 않았으니 함께 데리고 산 것은 명백합니다. 이와 같은 것을 후처로 논정한다면, 법을 무너뜨리고 기강을 어지럽히는 것을 조정에서부터 시작하는 것이니, 어찌 김씨 한 사람 때문에 만세萬歲의 큰 강령을 무너뜨리겠습니까. 홍윤성이 김씨에게 장가든 것은 혼례가 올바르지 않습니다. 큰 예절이 이미 휴손虧損되었는데, 어떻게 아비의 명령이라 하여 의심을 하며, 사족士族이라 하여 긍휼히 여기겠습니까? 첩으로 논정하는 것이 온편하겠습니다.
>
> – 성종 7년(1476) 7월 21일

이에 김씨 측은 격식을 갖춰 혼례를 행하였다며 혼서婚書를 증거로 제출한다. 게다가 외명부의 작첩을 받은 사람이 김씨라는 사실과 홍윤성의 재혼은 후사를 얻고자 한 아버지의 명령이었음을 덧붙인다. 논의에 참여한 영사領事 정인지는 이혼과 재혼의 조건으로서의 '아비의 명령'은 법률에도 있다고 하였고, 한명회는 김씨 가문이 사족인 점을 들어 처음부터 첩의 자리를 허락하지 않았을 것이라며 김씨에게 힘을 실어 주었다.[28] 이에 홍윤성의 아내 김씨가 명부命婦로서 궁궐에도 출입했고, 문기文記에도 김씨를 후처로 착명한 점, 남씨와 김씨가 문지門地가 비슷한 사족이라는 점 등을 들어 왕명에 의해 김씨는 '홍윤성의 후처'로 논정되었다(성종 7년 7월 8일). 김씨가 후처로 논정되자 대사간 최한정 등은 김씨의 후처 논정을 환수할 것을 수차례 요청하는데, 7월 11일부터 8월 13일까지 20일 넘게 계속되었다. 이런 가운데 김씨는 결국 홍윤성의 후처로 논정되었다.

같은 시기 또 하나의 처첩 쟁송은 성종조에 나온 황효원黃孝源(1414-1481)의 사례이다. 황효원은 세종조인 1441년에 식년 문과에 장원으로 급제했고 세조조에서 공신에 책록되어 상산군商山君을 제수받았다. 그에게는 세 명의 아내가 있었는데 은풍 신씨, 옥구 임씨, 한산 이씨가 그들이다. 처음 쟁송의 대상이 된 아내는 여비女婢로 왔다가 처가 된 한산 이씨이다. 그리고 두 번째 아내 임씨도 쟁송의 대상이 되는데, 처가 아닌 첩이라는 주장이다. 사헌부가 보고한 내용은 다음과 같다.

> 상산군商山君 황효원은 사리를 아는 대신으로서 국가의 법을 두려워하지 않고, 처음 아내인 신씨를 무후無後하다 하여 버리고, 다시 임씨에게 장가들어 두 아들을 낳았는데, 이번에는 또 화목하지 못하다 하여 버렸습니다. 그리고 다시 신씨와 결합했으니 마음대로 이혼하고 결합도 하여 이미 체통이 없이 강상을 어지럽혔습니다. 그런데 신씨가 죽은 뒤에는 공신 자격으로 하사받은 여비女婢 작은 조이(小斤召史)를 첩으로 삼았다가 혼서를 추후 작성하여 다시 처로 삼았습니다.
>
> — 성종 7년 5월 2일

이 보고를 받은 왕은 "이씨를 후처로 삼도록 논정論定하라"고 명한다. 황효원의 세 번째 아내 이씨가 여비에서 후처가 된 사연은 이러하다. 1456년 43세의 황효원은 단종복위 사건의 난신 이유기李裕基의 딸 작은 조이를 여비女婢로 하사받는다(세조 2년 9월 7일). 이유기는 사육신인 종형 이개李塏와 뜻을 같이하여 능지처참을 당하는 비참한 최후를 맞이하고 일가족은 노비로 전락한 것이다. 이로부터 14년 후 이유기의 딸 작은 조이는 죄인의 신분에서 벗어나는데, 왕명에 의해 방면된 것이다(성종 1년 4월 15일). 그런데 1476년(성종 7)에 사헌부의 주도로 그녀의 신분에 대한 문제가 제기되었다. 이유기의 딸이 '난신의 딸'로 황효원의 종이 된 지 20년, 종의 신분에서 방면된 지 6년이 지난 시점이다.

왕이 이유기 딸 이씨를 후처로 삼도록 하라고 명하자 사헌부 대사헌이 다시 차자箚子를 올린다. 그 내용에 의하면, 황효원은 종의 신분이던 작은 조이를 첩으로 삼았고, 그녀가 종의 신분에서 방면되자 혼서를 작성하여 예식을 치른 것처럼 했다. 따라서 황효원은 첩을 처로 삼아 강상을 어지럽힌 사실이 명백하니, 임금은 명령을 빨리 거두라는 것이다. 하지만 왕은 이씨는 본래 명족名族일 뿐 아니라 왕실과 연결되어 있고 그 사정을 보면 용서할 만하다는 것이다(성종 7년 5월 3일). 사헌부는 황효원의 처첩 분변을 지속적으로 요청하는데, 황효원의 인신人身을 공격하기에 이른다.

황효원黃孝源은 본래 행실이 천박하여 형편없는 사람입니다. 초처初妻인 신씨申氏에게 아들이 없자 양인良人 임씨林氏에게 장가들어 첩을 삼아 두 아들을 낳았습니다. 그렇게 되자 신씨와는 이혼을 하고 임씨를 후처後妻로 삼았노라고 핑계는 하였으나, 사실은 신씨를 버리지 않고 그전처럼 대접하다가 임씨에게서 난 두 아들이 성장하게 되자 또 임씨와는 헤어지고 다시 신씨와 결합했다고 소문을 내었는데, 비록 버렸다고 했으나 사실은 모두 데리고 있었습니다. 법을 무시하고 기강을 어지럽혀서 처첩의 구분을 문란하게 했으니 징계하지 않을 수 없습니다. … 청컨대 이유기의 딸은 첩으로 논정하고 또 유사攸司에게 명하여 신씨와 임씨의 적첩嫡妾의 구분을 개정改正하게 하소서"하였으나, 들어주지 않았다.

- 성종 7년 5월 16일

이후 황효원가의 처첩 쟁송은 5년 동안 이어지는데, 100여 차례의 크고 작은 조정 회의에 상정되었다. 황효원가의 처첩 논정은 쟁점에 따라 4단계로 나눌 수 있다.

① 황효원의 세 번째 아내 이씨의 후처 논정을 철회하고 첩으로 삼을 것을 주장하는 양사兩司와 '들어주지 않는' 국왕의 대응이다. 성종 7년 5월 2일에 시작된 이 쟁론은 한 달 동안 지속되었다. 왕은 이씨는 본래 명족名族으로 아비의 죄로 종이 된 경우이기에 일반적인 노비와 구분되어야 한다는 점을 강조했다. 그런데 이씨를 첩으로 보는 주장들은 "난신亂臣의 딸을 여종으

로 받아 첩으로 삼았다가 방면되자 처로 삼은 경우"라며 강상을
어지럽힌 행위라고 한다. 즉 황효원은 '첩으로 처를 삼은(以妾爲
妻) 죄'와 '훈신으로 난신의 딸을 처로 삼은 죄'의 두 지점에서 국
법을 위배했다는 것이다.

> 법대로 바로잡지 않는다면, 세상에는 난신의 딸로 첩
> 을 삼은 자들이 많은데, 이들도 다 통혼通婚할 수 있도
> 록 하시렵니까? 이것은 난신의 외손外孫으로 하여금 모
> 두 조정朝廷의 대열에 설 수 있도록 하는 결과이니, 그
> 렇게 되면 난적亂賊을 주토誅討한 의의意義가 없게 됩니
> 다. 청컨대 고치게 하소서.
>
> – 성종 7년 5월 28일

　결국 왕은 '난신의 딸'이라는 점을 상기시킨다면 처로 삼게
하는 것은 불가하다고 하고, 이씨를 황효원의 첩으로 논정하라
고 명한다.
　② 황효원의 두 번째 아내 임씨도 첩으로 논정해야 한다는
사헌부의 주장이 새롭게 제기된다. 임씨가 첩으로 논정될 경우
소생 아들 황준경과 황석경은 서자가 되고 부시赴試를 통한 관
직 진출이 불가능해진다. 세 번째 아내 이씨가 첩으로 논정된

다음 날에 시작된 두 번째 아내 임씨의 쟁송은 7개월이 넘도록 계속되었지만 결국 '임씨는 후처'라는 처음의 논정을 유지하게 되었다.[29] 임씨에 관계된 쟁점은 선처先妻 신씨와의 이혼 여부인데, 신씨를 버린 것이 아니라 함께 살았다는 주장이 나온 것이다. 이에 예조에서는 혼서婚書와 공신록에 적자嫡子로 기록된 두 아들의 정보를 제공했다. 다시 '임씨는 첩'이라는 주장은 한성부 장적에서 고쳐 쓴 흔적을 주장하지만 기각되면서 '임씨는 처'라는 논정은 유지되었다.

③ 황효원은 첩으로 논정된 세 번째 아내 이씨를 다시 처로 논쟁해 줄 것을 상소하는데, 첩의 신분으로 산 지 4년 만이다. 후처 임씨에 대한 쟁송 과정에서 고신이 박탈된 황효원은 그 4년 사이에 직책과 고신을 돌려받게 되는데, 이러한 분위기에서 아내 이씨의 신분 회복을 호소한 것이다.

처음에 이유기가 죄를 지었으므로 그 딸자식을 신에게 급부給付하시었는데, 그대로 외조모의 집에 있었습니다. 그때에 신이 홀아비로 있어 배우자를 구하는데 모두 늙었다 하여 응하는 사람이 없었습니다. 신의 어미가 한스럽게 여겨 그 외조모와 더불어 매작媒妁을 통하여 드디어 혼례를 이루었고, 또 천은天恩을 입어 면방免

放되어 전연 혐의가 없는 지 오래입니다. 병신년 봄에 미치어 홍윤성의 가속이 적嫡을 다투므로 헌부憲府에서 청리聽理하였는데, 홍윤성이 이미 죽었으니 질문할 근거가 없으므로 공경히 상지上旨를 받들었는데, 무릇 전·후실이 있는 자는 아울러 생시生時에 추문하라고 하시었습니다. 그래서 신臣 자신에게 추급推及하게 된 것이며, 추문하여 끝까지 핵실하여 하자를 구하였으나 혼례는 정당합니다. 그러므로 다만 급부給付한 것으로 사연을 만들어 시정을 요구하며 계달하였는데, 성상께서 성심聖心으로 재탁裁度하시어 적처로 논하라고 명하시었습니다. 그런데 대간臺諫이 논박하여 말하기를, '황효원은 공신功臣이니, 난신의 딸로 아내를 삼을 수 없다. 마땅히 첩으로 논하여야 한다' 합니다. 천한 여자가 공신에게 시집가서 천인을 면한 자가 하나가 아닌데, 홀로 신의 아내가 신이 공신이라는 까닭으로 적처를 강등하여 첩이 되니, 신이 불쌍하게 생각합니다. 예전 사람이 말하기를, '착한 것을 착하게 여기는 것은 오래가고 악한 것을 미워하는 것은 짧다' 하였습니다. 또 승음承蔭하는 법이 다만 직손直孫에게 미치고 외손外孫에게는 관계되지 않습니다. 황보인·박팽년의 외손이 혹은 좋은 벼슬을 지내었고, 혹은 양시兩試에 올라 현달하였는데, 신의 자녀는 출생하기 전의 외조가 범죄한 것 때문에 의관衣冠의 집과 더불어 혼인을 맺지 못하게 되니, 일이 궁하고 형세가 절박합니다. 천은을 바라건대, 신의 자녀로 하여금 인류人類에 복귀하여 사족의 집과 혼인하도록 허락하소서. 지극한 소원을 이기지 못합니다.

- 성종 11년 6월 12일

왕은 이 상소를 조정의 논의에 붙였다. 대신들은 '첩을 처로 삼지 말라'는 경전의 말이나 '종과 주인은 부부가 될 수 없다'는 등의 이유로 이씨의 처 논정을 거부한다. 왕명을 받은 정창손·한명회·심회·윤사흔·한계희·권감 등의 조정 대신들의 논의 내용을 요약하면 다음과 같다.

○ 이유기와 처가가 모두 사족이고 또 왕실의 친척이었으나, 그러나 이미 난신亂臣의 딸이 되었고, 비록 은혜를 입어 방면되었으나 처음 장가들 때에 성례成禮했는지 알 수 없으니 적실로 논하는 것은 불편하다. 처음 장가들 때에 성례하였는지 안 하였는지를 상고하여 다시 의논하자.

○ 예전禮典에는 "예를 갖추어 장가들면 아내가 되고 예를 갖추지 않고 혼인하면 첩이 된다"고 했다. 따라서 죄인의 딸이라도 성례하여 장가들었으면 첩으로 논할 수 없다. 더구나 면방되었으면 본래 사족의 딸이니, 아내 되기에 무슨 혐의스러울 것이 있겠나. 처음에 장가들 때의 성례하고 안 한 것을 세밀히 핵실하여 논정論定하자.

이에 왕은 승정원에 명하여 황효원과 이씨가 성례한 여부를 상고하게 한다. 승정원에서 황효원의 혼서婚書를 취해 오자 정승들에게 보여 의논하게 하였다. 정창손·한명회·윤사흔·윤필상·최숙정 등이 의견을 내었는데, 그 내용을 요약하면 다음과 같다.

○ 혼서가 여비女婢로 줄 때의 것이므로 사실로 인정하기 어렵다. 하지만 이씨의 계보가 왕실과 연결되어 있고, 이제 면천되었으니 왕의 판단에 맡기겠다. 또 원래 사족의 딸이고 혼서까지 있으니 처로 논정하는 것이 좋겠다.

○ 황효원이 이유기의 딸에게 장가든 것은 비록 면방 뒤의 일이나 훈구대신으로 난신의 딸에게 장가들어 적처로 삼았으니 옳지 않다. 더구나 급부할 때를 보면 주인으로 종과 혼인한 것이니 도리에 어긋나고 윤상을 해치는 것이니 첩으로 논정해야 한다. 또 공신으로서 난신의 딸에게 장가들어 적처를 삼고자 하여 성상의 총명을 번거롭게까지 하였으니, 매우 불가하다.

○ 이유기가 자신이 난적亂賊을 범하여 그 처자를 공신의 집에 주어서 노예를 삼았으니, 이유기의 딸은 곧 황효원의 집 종입니다. 그 종(婢)에게 장가들 때에 어찌 혼례가 있었겠습니까? 무릇 사대부로서 조금 뜻이 있는 자라면 모두 난적의 자손과 혼인하기를 부끄러워하는데, 더구나 면천免賤을 하지 못한 자이겠습니까? 황효원은 공신이고 또 재상입니다. 만일 재혼하기를 구한다면 얻지 못할 리가 없으니, 난적을 범하여 몸이 천인을 면하지 못한 자는 반드시 적체嫡體의 배우자를 삼지 않으려 할 것입니다. 더구나 자기 집에 급부한 자이겠습니까? 그렇다면 처음 장가들 때에 첩으로 하고 아내로 하지 않을 것이 분명합니다. 또 어찌 능히 후일에

은혜를 입어 면방先放될 것을 예측하여 성례해서 성혼하였겠습니까? 가령 성례하여 자기 집 종에게 장가든 자가 그 종이 후일에 양인良人이 되었다면 처妻로 논하여 벼슬길을 통할 수 있겠습니까? 또 혼서는 사사집에 간직하고 있는 것이어서 다 믿을 수 없습니다. 두 아내가 적嫡을 다툴 때에는 이것으로 질정하는 것이 가하지마는, 첩으로 처를 삼으려고 하는 자야 어찌 혼서의 있고 없는 것을 묻겠습니까?

성종 11년(1480) 6월 12일의 논의에서 대신들은 이씨는 첩이 되어야 한다고 강력히 주장하지만 왕은 이유기의 딸 이씨를 다시 처로 논정하였다(성종 12년 7월 17일). 왕은 법이 중요한 만큼 인정을 살피는 것도 중요하다는 것이다. 한편 황효원은 아내 이씨가 처로 논정되자 더 이상 문제시 말아 달라는 부탁을 하러 사간원 장령 안침安琛의 집에 분경奔競한 한 사실이 밝혀지며 사건은 처음으로 되돌아오게 된다. 황효원은 국법을 어긴 죄로 국문을 받게 되고 고신이 추탈되는 곤경에 빠진다. 결국 이유기의 딸인 아내 이씨는 첩으로 논정되었다(성종 12년 9월 6일). 이로부터 13일 후 황효원은 죽음을 맞이한다(성종 12년 9월 19일).

④ 황효원이 죽고 26년 후인 중종 2년(1507)에 '황효원가의

처첩분간 사건'은 딸의 적서를 논하는 의제로 확대되었다. 선전관宣傳官에 임명된 박양朴良이 서자라며 사헌부에서 추국을 청한 것이다. 박양은 황효원의 세 번째 아내 이씨의 외손자다. 사헌부의 논리는 아내 이씨가 첩으로 논정되었으니 그녀의 딸 황씨는 서녀가 되고, 황씨가 낳은 아들은 서자가 된다는 것이다. 다시 말해 박양은 "서자와 천인은 동·서반직에 제수하지 못하는 법령"을 어긴 셈이다. 이에 황효원의 사위이자 박양의 부친인 박영문이 상소로 처모가 처첩분쟁에 휘말린 사연과 처모 이씨가 보관해 온 관련 자료『적첩상고일기초嫡妾相考日記草』를 제출한다(중종 2년 윤1월 6일). 황효원의 아내이자 박영문의 처모 이씨는 앞에서 본바 성종조에서 5년에 걸쳐 후처와 첩을 반복하게 되었다. 처모 이씨가 후처로 논정되었을 당시 성종이 "소장訴狀 말미에 어필로 써서, 처妻라고 논정論定"하였는데, 이것으로 박영문 자신은 그녀의 딸 황씨와 혼인을 하게 되었다는 설명이다. 다시 말해 처모 이씨가 성종 12년 마지막 논정에서 첩이 되었지만 처모가 후처로 논정되었을 당시 자신과 그 딸 황씨가 혼례를 올린 것이다. 왕은 "박영문의 아내 황씨를 정실로 논정"하였다.[30] 박영문의 상소를 통해 알게 된 사실은 이유기의 딸이자 황효원의 아내인 이씨가 남편 사후 자녀들의 신분을 되찾기 위해 "여러 번 진정하고 호소했지만" 돌아온 것은 "문서가 다 불타서 상고할 근거가 없다"는 사헌부의 답변이었다.

홍윤성과 황효원의 처첩 논정 사건은 이후 처첩 담론에서 자주 인용되는데, 그것이 남긴 의미로 세 가지를 들 수 있다. 하나는 유교의 혼인 가족관을 양반층에 널리 유포함으로써 일종의 교육적인 효과를 남겼다는 점이다. 즉 혼인 성례成禮를 준행했는가의 여부[31]나 "첩을 처로 바꿀 수 없다"[32]거나 처첩의 차별은 '바꿀 수 없는 절대 진리(天經地緯)'라는 등의 유교적 혼인문화를 구체적 사건을 통해 습득한 것이다. 두 번째는 법보다 강력한 것은 신분이라는 점이다. 법리法理와 정리情理 사이에서 주춤거린 것은 논정의 대상이 된 여성이 사족 신분이기 때문이다. 마지막으로 처첩분간의 필요성은 사실 그 소생의 신분 규정에서 나온 것이다. 두 사건이 발생하게 된 것은 소생 자녀들의 관직 제수나 혼인 대상을 규정하는 문제가 컸기 때문이다.

조선 전기 처첩분간은 성종 대에 가장 활발했고, 중종 대 이후 사라진다. 이는 16세기 이후 지배층을 중심으로 하여 유교적인 혼인형태로 정비되었기 때문으로 보기도 한다.[33] 성종 대의 처첩분간을 거치며 서얼 신분이 독자적인 범주로 확립되었다.

조선 후기 첩
예론과 담론

예론을 통해 본 첩의 지위

누가 처이고 누가 첩인가를 가려내는 것이 조선사회 15세기의 시대정신이었다면, 처첩분간이 일단락된 16세기 이후에는 첩에 대한 새로운 이야기가 펼쳐진다. 다시 말해 분간分揀의 사례를 통해 처와 첩의 조건들이 분명해지자 첩과 첩자에 대한 가족적 사회적인 정교한 규범을 만들 필요가 있었기 때문이다. 이제 첩과 첩자는 하나의 신분층을 형성하게 되는데, 특히 17세기 이후 예론이 활성화되면서 가족 내 첩의 지위와 의무 등도 이 맥락에서 담론화된다.

적서의 분별을 엄격하게 해야 한다는 주장의 근거는 『예기』

등의 예서들이다. 조선 후기 예학자들은 경전의 한 문구를 놓고 각자의 해석을 하는데, 처첩에 관한 자신의 생각을 피력하는 방식으로 담론에 간여한다. 그 사례를 들어 보자. 『예기』「내칙內則」에는 "처부재첩어막감당석妻不在妾御莫敢當夕"이라는 구절이 있다. 즉 "처의 부재 시 첩은 시중은 들지만 밤을 차지하지는 못한다"는 뜻이다. 당석當夕이란 무슨 뜻인가. 『시경』에는 "여러 첩이 임금을 모시러 나아가 감히 '밤을 차지(當夕)'하지 않고 별을 보고 갔다가 별을 보고 돌아온다"고 하였다. 이이(1536-1584)는

그림 2 율곡 이이, 위키미디어에서 전재

"옛날에는 처와 첩은 시중 드는 날이 각각 정해져 있었는데, 당석이란 처가 맡은 날을 말한다"라고 한 남송 오씨의 설을 인용하였다.[34]

이를 놓고 송시열, 송준길 등의 17세기 예학자들은 『시경』의 당석과 『예기』의 당석이 같은 뜻인가 아닌가를 논의한다.[35] 즉 경전은 물론 선배 학자들의 처첩론을 재검토하고 재해석하는 방식이다. 또 16세기 율곡이 성학聖學의 요체로서, 왕의 여자들인 왕후(처)와 후궁(첩)의 질서를 강조했다면 조선후기의 예학자들은 이를 사가私家의 처첩 모델로 확대시킨다. 사실 왕비와 후궁은 일반 사가의 처첩과 다를 것이지만 신분을 불문하고 정실과 측실의 구분에 적용한 것이다. 즉 "하늘에는 두 해가 없고, 땅에는 두 왕이 없으며, 높은 자리에는 두 어른이 없다. 그러므로 첩은 후后와 같은 지위에 나란히 있을 수가 없다."[36]는 왕가의 위계 질서가 예학 처첩론의 지침이 된 것이다.

가족 내 첩의 자리는 낮고 불안정하며 권리 또한 거의 없는 것에 비해 가족에 대한 의무는 처 못지않게 무거웠다. 첩의 의무와 관련해서는 오복제五服制의 한 항목인 '첩이 입는 복服', 즉 첩복도妾服圖에 나와 있다. 『의례』와 『경국대전』 등에 규정되어 있는 첩의 의무를 근거로 17세기 이후의 예학가들은 전傳이나 주注의 형태로 예의 담론을 형성해 갔다. 첩에게 부여된 복상의 의무는 남편, 남편의 부모와 남편의 처, 남편의 자녀 등에 관한 것이다.

먼저 '첩이 남편을 위해(妾爲君)' 입는 복은 참최斬衰 3년이다. 상복 중에서 가장 무거운 복이다. 처가 남편을 위해 입는 복도 첩과 같은 참최다. 반면에 남편이 첩을 위해(君爲妾) 입는 복은 자식의 유무에 따라 다른데, 첩에게 자식이 있으면 남편은 첩을 위해 3개월 시마복總麻服을 입고 자식이 없으면 입지 않는다.[37] 반면 '처에 대한 남편의 복(夫爲妻)'은 1년 기년복이다. 남편에 대한 첩의 복상 의무는 첩 일방향인 것에 비해 처의 경우는 3년과 1년이라는 등급의 차이는 있지만 상호적이다.

여기서 첩이 남편을 지칭하는 예학적 호칭 '군君'과 남편의 정실을 지칭하는 '여군女君'에 주목해 볼 필요가 있다. 김장생 (1548-1631)은 첩과 남편의 관계는 대등하지 않다는 데서 이유를 찾는다. "첩은 신랑을 부夫로 호칭할 수 없기에 더 높이는 '군'으로 이름한 것이다. 선비의 몸에 임금(君)의 이름을 붙이는 것이 합당하지는 않으나 첩이 남편을 높이는 데는 신하가 임금을 높이는 것과 같기 때문이다."[38] 김장생의 주장에 따르면 첩은 그 남편을 남편(夫)이라고 호칭하지 못하며 신하가 임금을 대하는 것과 같은 관계라는 것이다. 유장원(1724-1796)은 "첩妾이 남편을 군君이라 한 것은 자신과 일체一體가 되지 못한 존재라는 뜻으로 높여 부른 것이다"[39]라고 한다.

다음은 '첩이 남편의 부모를 위해(妾爲君之父母)' 입는 복은 기년朞年이다. 『의례儀禮』에는 첩과 처는 동일하게 남편의 부모를 위해 기년복을 입는다고 한다. 이에 대해 정경세(1563-1633)는 "오늘날[17세기 초] 며느리는 시부모 상에 참최와 자최를 입고 있으니 첩도 정실과 동일하게 입는 것이 마땅하다"라고 한 것에 대해 김장생도 동의하였다.[40] 이로 볼 때 『의례』와 『경국대전』에 기년복으로 규정된 남편 부모에 대한 첩의 복상이 17세기 이후에는 시부 참최와 시모 자최로 더 무겁게 매겨진 것이다. 한편 첩은 시부모에게 받는 복服은 없는 반면 처는 시부모로부터 기년의 복을 받게 된다.

그러면 처첩 상호 간의 복상 의무는 어떤가. '첩이 정실을 위해(妾爲女君)' 입는 복은 기년이다. 그 이유에 대해 『의례』에서는 첩이 여군(정실)을 섬기는 것은 며느리가 시부모를 섬기는 것과 같기 때문이라고 한다. 18세기의 유장원은 『상변통고』에서 "이제 며느리가 시부모를 위하여 삼년복을 입으니, 첩이 여군을 위해서도 시어머니에 대한 것처럼 가복加服해야 할 듯하다"라는 의견을 낸다. 반면에 정실은 첩에 대한 복의 의무가 없다(女君爲妾無服). 처와 첩의 관계는 시어머니와 며느리의 관계에 준한다는 것이다. 또 일방적인 의무만 주어진 첩에게 조선 후기의 예설은 중국이나 조선 전기의 『경국대전』보다 그 의무를 가중시키는 방향을 보인다는 점이다.

첩의 복상 의무는 여기서 끝나지 않는다. "첩은 처(정실)의 일가를 위해 상복을 입는다(妾爲女君之黨)"라고 하고 "정실이 죽었더라도 첩은 정실 일가의 복을 입는다(女君雖沒妾猶服女君之黨)"라고 한다. '다른 사람을 따라 입는 복(從服者)'의 주註에는 "첩은 여군女君의 친속에 대해 자신의 친속처럼 여겨야 하기 때문이다"라고 한다. 그런데 김장생은 여군을 따라서 그 일가一家의 상복까지 입어야 한다는 말은 『의례』에 없고 그 출처도 알 수 없다고 한다.[41]

한편 "첩妾이 여군女君의 족당族黨에 대해 상복을 입는 것은 무엇을 기준으로 삼아야 하는가"라는 민이승의 질문에 대해 윤증(1629-1712)은 '며느리가 시어머니 족당에 대한 복'으로 생각할 수 있다는 정도의 답변에 그친다.[42] 이에 대해 임성주(1711-1788)는 "『가례』와 『상례비요』에서 말하지 않았으니 첨가해서 써넣어야 할 듯하다"[43]라고 한다. 특히 임성주는 문답식으로 전개한 상장례에 관한 학설에서 이렇게 주장한다.

○ 질문: 양첩兩妾의 아들은 서로 모친을 위해 시복緦服을 입는데, 그 모친은 다른 첩의 아들을 위해 기복期服

을 입으니, 이는 복服으로 보답하는 의리가 아닙니다. 모친을 가볍게 여기고 아들을 중하게 여기는 혐의가 있습니다. 그 이유를 설명해 주시죠.

○ 답변: 양첩의 아들이 서로 그 모친을 위해 복을 입을 때에는 그 모친이 부친의 첩이니 단지 서모庶母를 위한 시마복을 입는 것입니다. 또 첩이 다른 첩의 아들을 위해 복을 입을 때에는 그 아들이 남편(君)의 아들이므로 응당 적처(女君)와 같이 기년복을 입어야 합니다. 이는 중심이 부친에게 있는 것이기에 모친은 가볍고 아들은 중하다는 말은 큰 잘못입니다.[44]

임성주에 의하면, 상제례에 관한 예는 부친을 중심에 놓고 각 관계들을 해석하는 구조이다. 즉 첩인 어머니와 아들(첩자)의 관계는 아버지의 첩과 아버지의 아들의 관계로 해석된다. 첩의 아들(서자)에 대한 복은 부친의 아들에 대한 복이지 독립적인 모자母子 관계에서 나오는 것이 아니다. 가부장의 지위와 권위는 강화되는 반면 그 아내 특히 첩의 지위는 하강하는 추세다.

첩의 호칭과 첩의 제사와 관련된 예학적 해석을 보자. 송준길(1606-1672)과 김장생이 편지로 주고받은 내용으로 『동춘당집』에 실렸다.[45]

○ 질문: 서자가 그 어머니 제사에 호칭을 어떻게 하며 제사는 어디에서 지내야 하는지요? 구씨丘氏는 "적모가 아들이 없이 죽어 서모의 아들이 제사를 주관하면, 그 어머니를 적모의 곁에 부祔하는 것이 마땅하다" 하였으니, 이 말을 준행해도 되겠는지요?

○ 답변: 정주程朱의 설에서 상고할 수 있는데, 첩모妾母를 적모와 함께 부하는 도리가 어찌 있을 수 있는가. 구씨의 설은 예에 크게 어긋났으니 따를 수 없네. 정자程子는 "서모의 신주는 사당에 들어갈 수 없으니, 그 아들이 사실私室에서 제사하는 것이 마땅하다" 하였네.

송준길과 김장생의 대화 주제는 첩이 그 소생 아들로부터 받아야 할 예우를 정한 것이다. 송준길이 "적모의 아들이 없어 서모의 아들이 제사를 주관하면 그 어머니를 적모 곁에 부치는 것이 마땅하다"라는 명대明代 구준丘濬의 『가례의절』을 인용하자 김장생은 "구씨의 설은 예에 크게 어긋났다"고 한다. 김장생에 의하면 첩모와 적모를 나란히 배치할 수 없고, 서모의 신주는 사당에 들어갈 수도 없기 때문에 그 아들이 사실私室에서 따로 제사하는 게 맞다. 다시 말해 첩의 아들이 제사 상속자가 되었더라도 그 모친은 가문의 중심 공간으로 들어갈 수 없다는 것이 조선 후기 예학자들의 판단이다.

또 첩모의 호칭, 첩모를 제사하는 방법 등에 대해 송준길이 묻고 김장생이 답한다. 『주자어류』에 의하면 주자는 경經의 말을 따라 첩모라고 호칭하는데, 이는 다른 어머니들과 구별하기 위해서이다. 또 첩모를 조문할 때는 "그 아들이 평소 호칭하던 바에 따라 호칭할 뿐이다"라고 한다. 혹자(호굉胡宏, 장식張栻)는 첩모를 소모小母라 칭했는데, 이는 『이아爾雅』의 소고小姑에서 온 것으로 보았다. 다음은 서얼 부인의 명정에 들어가야 할 문구에 대한 문답이다.

> ○ 질문: 서얼庶孽 부인의 명정에 모씨某氏라고 써도 혐의가 없을 것 같은데, 국법國法에 조이召史로 칭하였으니, 씨氏 자를 쓰는 것이 미안합니다. 그렇다면 어떻게 써야 하는지요?
> ○ 답변: 씨는 그 성을 구별하는 것이니, 서얼이 비록 천하다 하더라도 모씨라고 칭하는 것이 무슨 혐의가 되겠는가. 조이라는 호칭은 고상하지 않네. 어떤 이는 "모성지구某姓之柩라고 쓰는 것이 무방하다"라고 하네.

첩모에 대한 명칭 문제는 이현일(1627-1704)도 주목하는데,

문인 황수일과 편지로 문답한 내용이다.

> ○ 질문: 첩모妾母의 상에도 신주神主가 있어야 할 것인
> 데 어떻게 써야 합니까? 모씨某氏라고 쓰자니 분수에
> 참람한 듯하고, 조이김史라고 쓰자니 또 바르지 못한 듯
> 합니다. 어떻게 해야 하겠습니까?
> ○ 답변: 중국의 역사에 기록되어 있는 전기를 보면, 적
> 모와 첩모를 막론하고 모두 씨氏를 칭하였으니, 참람되
> 다는 혐의는 없을 듯하네. 지금 국법이 이미 이와 같아
> 서 부득이 꺼리고 있으나 조이라는 칭호는 이미 바르
> 지 않고, 게다가 자식으로서 어머니에게 조이라고 칭
> 하는 것도 의의가 없네. 일찍이 한유韓愈의 묘지명 가운
> 데 '유모이乳母李'라고 칭한 글이 있는 것을 보았네. 이
> 를 모방하여 행하는 것이 혹 허물이 적지 않겠는가.[46]

이현일에 의하면 첩모의 신주에 중국의 예를 좇아 씨氏를 쓸
수도 있으나 국법이 엄중하여 꺼려진다는 것이다. 한편 양반가
에서 쓰기엔 하대하는 호칭 조이는 자식으로 어머니를 칭하는
예가 아니라는 해석이다.

그러면 첩은 남편의 아들에 대해 어떤 상복 의무를 지는가.

첩은 남편의 장자長子를 위해 3년 자최복을 입고, 자신의 자식을 위해서는 기년복을 입는 등 가족 안의 모든 관계에 대한 첩의 의무를 매우 촘촘히 부여해 놓았다. 첩으로서 집안의 살림을 주간한 것에 더하여 적자嫡子를 보살피며 기른 은혜가 있는 경우, 첩에 대한 상례는 어떻게 해야 하는지를 묻자 이현일은 말한다. "복服을 입어야 한다는 설이 있으나 확언할 수 없다. 또 신주는 호칭을 정하기 어려우니 논의를 내기 어렵다."[47] 집안에 큰 기여를 한 첩의 경우 섭여군攝女君이라 하여 예외적인 대우를 하던 예적 전통에 대해 영남 예학을 대변하는 이현일은 소극적인 태도를 취한 것이라 할 수 있다.

한편 송시열이 "첩자로서 승적承嫡한 자는 누구를 외조부로 삼아야 하는가"라고 묻자 박세채는 "적모의 아버지를 외조부로 삼아야 할 것 같다"고 하자, 둘은 의견이 같음을 확인한다.[48] 윤증은 영남 유생이 상소에서 "정正은 적처嫡妻의 아들을 말한 것이고 부정不正은 첩妾의 아들을 말한 것"이라고 한 부분을 비판하며 적자嫡子를 귀하게 여기고 서자庶子를 천시하는 것이 우리나라 풍속에서 특히 심하다는 논평을 낸 바 있다.[49]

성호 이익(1681-1763)은 김장생의 『의례문해』에서 의심나는 곳은 논변하는데, 첩에 대한 상복 문제를 문답식으로 다루었다.

○ 질문: 첩손妾孫이 승중承重하는 경우 아버지의 소생
모를 위한 복은 비록 없지만 응당 승중해서 입는 삼년
복을 입어야 할 것입니다.

○ 답변: '첩모는 대를 이어서까지 제사하지 않는다(妾
母不世祭)'라고 했으니 원래 승중하는 의가 없는데 삼년
복을 입어야 한다고 하는 것은 옳지 않다.[50]

이에 의하면 첩손妾孫이 승중을 했더라도 그 소생조모所生祖母
의 삼년복을 입을 의는 없다. 조모에 대한 복은 본래 기년期年에
그치지만 승중한 경우에는 삼년복을 입는다. 하지만 서조모, 즉
아버지의 소생모를 위한 복은 없다. 반복적인 실행이 특징인 의
례는 일상의 삶과 그 관계를 만드는 데 중요한 역할을 한다. 특
히 조선 후기의 예론은 첩은 남편을 군주 모시듯 하고, 정실을
후비 모시듯 하며 첩 스스로 권리는 없고 의무만 있는 상황을
자연스럽게 받아들이도록 한다. 처첩의 예 담론은 자연스럽게
적서嫡庶 담론으로 이어진다. 송준길이 김장생과 주고받은 편지
는 적서嫡庶의 예적 권한 및 의무에 대한 내용을 담고 있다. 조선
후기 예론에서 적서 문제가 어떻게 발화되는가를 볼 수 있다.

첩을 둘러싼 이야기들

첩에 관한 이야기는 윤리나 제도와 연계되기도 하고 개인 문집 속 가족 이야기에서 그 삶의 모습이 드러나기도 한다. 조선 후기 학자들에게 첩은 어떤 존재인가. 윤휴(1617-1768)는 독서기讀書記에서 처첩과 적서의 구분이 바로 제가齊家의 요건이라고 한다. 그에 의하면 『대학』이 말한 '제가지도齊家之道'란 "효와 공경을 도타이 하고(惇孝敬), 친친을 돈독히 하며(篤親親), 배필을 골라(擇配) 근본을 정하며(定本), 내외 구분을 분명히 하여(謹內外) 명분을 바로 세우는(正名分)" 것이다. 이 가운데 마지막으로 제시한 "명분을 바로 세우는" 일이란 무엇인가. 윤휴에 의하면 그것은 처첩(妃妾)을 구분하고 적서嫡庶를 구분하며 얼폐孽嬖를 경계하는 것이다. 제왕의 가족을 염두에 둔 것이지만 이것을 연장하면 첩과 첩자에 대한 엄격한 관리를 주문한다.[51] 이에 의하면 첩은 처의 자리를 넘보아서는 안 되는 존재이고, 첩자는 처의 자식들을 넘보지 말아야 할 존재이다.

처첩의 명분을 바로 세우는 것은 왕가王家의 주요 사안이었다. 이현일(1627-1704)은 경연을 한 후 왕에게 상소를 올려 첩의 위치를 분명히 하고 적서를 엄격하게 구분할 것을 주문한다. 숙종 19년(1693)의 일이니 희빈 장씨를 염두에 둔 것 같다. 하지만 숙종의 일을 특정하기보다 처첩 문제의 일반론을 펼침으로써 우회적인 비판을 한 것이다.

> 옛날에 주자朱子가 그 임금에게 고하기를, '남자가 밖에서 자신의 역할을 바로 하고 여자도 안에서 역할을 바로 하여 부부의 구별이 엄한 것을 집안이 잘 다스려진다고 하는 것입니다. 처妻가 위에서 남편과 일체가 되고 첩妾이 아래에서 받들어서 적서嫡庶의 구분이 바른 것을 집안이 잘 다스려진다고 하는 것입니다.[52]

한편 윤증(1629-1714)은 정부정正不正의 설로 적서를 설명하는 것에 문제를 제기한다. 즉 영남 유생이 상소에서 "정正은 적처嫡妻의 아들을 말한 것이고 부정不正은 첩妾의 아들을 말한 것이다"라고 한 대목을 비판한 것이다. 윤증에 의하면 상복을 제정한 뜻을 미루어 해석하기를 "'정正'이란 적장자嫡長子를 가리킨 것 같고 '부정不正'이란 둘째 이하의 중자衆子를 가리킨 것 같다"라고 한다.[53] 다시 말해 윤증은 '서庶'가 낮다는 것은 모두가 공유하는 것이지만 '바르지 못한(不正)' 것으로 해석하는 것은 과도하다는 것이다. 윤증과 영남 유생의 논의가 구체적으로 무엇을 주제로 한 것인지 차치하고 적서를 '바름과 바르지 못함(正不正)'

의 관점에서 볼 수 있다는 것이 주목된다.

남의 첩을 대하는 태도도 담론거리가 되었다. 김장생의 부친 김계휘(1526-1582)는 윤원형이 첩을 정처正妻로 삼은 것을 분하게 여겨 누차 기색과 언사에 마음을 표출했다. 이에 윤원형은 김계휘에게 깊이 앙심을 품었다고 한다.[54] 처첩 질서나 처첩 위계의 문제는 한 가족의 일에서 끝나는 것이 아니라 국법의 준수와 같은 국가의 질서 문제로 본 것이다. 또 하나의 예는 송시열의 선조가 당시 윤원형의 집과 이웃해 살았는데, 윤원형이 폐첩 난정蘭貞을 정처正妻로 삼자 사부가士夫家의 부녀자들이 서로 다투어 그 집을 드나들었지만, 송시열의 조모 이 부인은 한번도 그 집과 통문通問하지 않았음을 자랑스러워한다.[55] 윤원형의 첩 정난정이 여러 구설의 주인공이긴 하지만 최고의 학자들이 은밀히 혹은 공개적으로 비난하는 것은 첩에 대한 인식을 보여 주는 것이다.

그런데 개별 가족 속으로 들어가면 첩의 가족적 사회적 지위와 다르게 부덕婦德을 갖춘 훌륭한 선조모로 기억되는 첩들도 있다. 허목(1596-1682)의 첩증조모가 그런 사람이었다. 김윤정金潤貞이라는 이름을 가진 첩증조모는 서녀로 태어나 첩으로 시집온 경우다. 증조할머니 김윤정은 비록 첩의 신분이지만 가정교육과 행실이 사대부가 부인의 모범이 되기에 충분했다. 허목 또한 적첩의 신분에 구애되지 않고 집안 어른의 높은 행적에 주목한 것이다.

> 첩증조고妾曾祖姑의 휘는 윤정潤貞이니, 의정부 사인舍人 김우서金禹瑞 첩의 딸이다. 나이 16세에 나의 증조고曾祖考인 찬성공(許磁)을 모셨다. 공은 세 조정의 재상으로 장중하고 엄숙하여 할머니는 감히 수놓은 옷을 입지 못하였다. 조심스럽고 온순하였으며, 일을 할 때에는 오직 엄격하게 하면서도 오히려 실수가 있을까 두려워하였으니, 아마도 사인공은 당시의 명인名人으로 집안의 평소 가르침이 또한 이와 같았던 듯하다.[56]

윤선도(1587-1671)는 서모의 뜻밖의 부음을 듣고 극진한 슬픔에 빠진다. 기장에서 귀양살이를 하던 중이었다.

> 서모庶母가 세상을 버린 것은 천만뜻밖의 일이다. 먼 곳에서 부음을 듣고는 울부짖고 통곡하며 망극罔極하였다. 지하에 돌아가 모실 수 있으니 죽은 이야 무슨 한이 있겠느냐마는, 나로서는 부모님을 일찍 여의고 오직 서모만 있었기 때문에, 뒷날 고향에 돌아가서 다시

서모를 보면 그래도 아버님의 안면顔面을 대신할 수 있
으리라는 것이 밤이나 낮이나 나의 간절한 소망이었는
데, 흉보凶報를 느닷없이 금일에 받게 될 줄이야 어찌
생각이나 하였겠느냐. 생각이 이에 이르니 더욱 망극
하기만 하다. 봉사奉事의 글에도 병증病症을 말하지 않
았고, 여기에 온 노복奴僕에게 물어보아도 잘 알지 못하
니, 도대체 무슨 질병이기에 구하지 못했단 말이냐. 통
곡하고 통곡할 따름이다.[57]

　　윤선도는 다른 사람에게 보내는 편지에서도 서모를 잃은 슬
픔이 매우 컸음을 말하고 있다. "저의 서모가 10월에 세상을 떠
났으므로 멀리에서 비통한 심정이 보통의 갑절이나 됩니다. 뒷
날 고향에 돌아가면 못다 한 정을 다하려 했는데, 불행히도 세
상을 버렸으니 더욱 가슴이 아픕니다. 기타 드릴 말씀은 많지만
이만 줄이겠습니다."[58] "서매庶妹와 서모庶母가 잇따라 세상을 떠
나, 삼천리 밖에서 부음을 듣게 되었으니, 어찌 비통한 마음을
가눌 수 있겠는가. 유배당한 처지에 이런 슬픔이 더해졌으니,
비참한 심정으로 날을 보낼 따름이네. 고단하고 황망해서 대필
하게 하며 보내온 편지 끝에 간략히 답하네."[59]

　　한편 서모의 묘를 이장하며 쓴 만사輓詞에서 택당 이식(1584-

1647)은 생전에 자신에게 어머니로서의 사랑을 베푼 서모를 기렸다. 이식의 서모는 곧 아버지의 첩이다. 첩의 가족 내 역할을 생생하게 보여 주는 사례다. 적자녀들의 유모 역할, 훌륭한 자질로서 남편에게 총애받는 여인, 집안 살림을 도맡아 하는 가사 관리인, 게다가 타향살이 가족의 어려움을 한 몸으로 살아 낸 여인이다. 아버지의 첩인 서모는 어머니 윤씨와 남편의 사랑을 다투거나 나눠야 할 존재이지만 이식에게는 아버지의 배필로서 자신을 사랑으로 보살펴 준 여자 어른일 뿐이다.

친어머니 같았던 우리 서모님 그 당시에 얼마나 극진히 보살펴 주셨던가.
병이 들면 노심초사 걱정하면서 미음 쑤고 젖 짜내어 먹여 주셨지.
마침내 선친의 총애 한 몸에 받게 되었나니 현숙한 그 자질을 끔찍이 아끼셨음이라.
부엌일 단속하며 주식酒食 깔끔히 차려 냈고 물레며 길쌈이며 쉬는 때가 없었어라.
어려운 상황 닥칠수록 더욱 굳센 그 심지心志 동쪽 서쪽 타향살이 수도 없이 겪으면서
곁에 있는 금슬처럼 백년해로하렷더니 자웅검雌雄劍 한

밤중에 그만 둘로 나뉘었네.

남쪽 산에 오래도록 떨어져 묻혀 있다 이제야 북쪽 길
로 영구 돌아왔나니

좋은 자리 찾아서가 결코 아니요 지아비 옆에 있고 싶
은 그 소원 따르려 함이로라 요수에 관계없이 변함없
는 그 향기 이승 저승 갈렸어도 도리야 어찌 다르리요

포대기 속에 싸였던 몸 이제 장성해서 상복喪服 다시 차
려입고 뒤를 따르려 하나이다

슬프다 식덕도 제대로 못 받아 잡수신 분 모든 영광 뒷
전으로 밀려나 있었나니

만사 지어 읊으면서 무슨 꾸밈 있으리요 흰머리로 두
줄기 피눈물을 흘립니다.[60]

다산 정약용은 「서얼론」을 통해 조선 후기 적서 신분 질서에
대한 전환을 주문한다. 이른바 대국大國의 사례를 통해 서얼금
고로 인한 국가적 손해를 지적한 것이다.

한기韓琦의 어머니는 비첩婢妾이었고, 범중엄은 재가한
어머니를 따라가 계부의 성姓을 쓰다가 한림翰林의 벼
슬에 오른 뒤에야 비로소 표문表文을 올려 원래 성姓을

되찾았다. 송나라에서 두 사람의 등용을 막았더라면 나라의 형세를 태산처럼 안전하게 만들고 서적西賊의 간담을 서늘하게 할 수 있었겠는가. 성대중 등 서얼들에게 대간臺諫의 직을 제수한 것은 작은 것이다. 반드시 재상宰相에 임명해야 옳다.[61]

4

세 유형의 첩

조선시대 법 제정의 전범이 되었던 『대명률』에는 "나이가 40 이상이지만 아들이 있거나, 아들은 없으나 나이가 40이 되지 않았으면 모두 첩을 맞이할 수 없다"[62]라고 했다. 첩을 들이는 목적을 후사를 잇기 위한 데 둔 것이다. 그런데 조선 후기 양반 사대부의 문집이나 일기 등의 개인 기록을 보면 첩은 후사를 얻기 위한 것에 국한되지 않았다. 자식을 얻기 위한 첩 외에 가사 관리나 주부 역할을 목적으로 한 첩이 있고, 성과 애정 등 종욕縱欲의 대상으로 들인 첩이 있다. 여기서는 첩을 들이는 목적을 세 유형으로 나누고 그 구체적인 사례를 살펴보고자 한다. 이는 어디에 더 강조점이 있는가에 따른 차이로서 둘 이상의 목적을 함께 가진 경우이거나 세 유형의 범주에 들지 않은 경우도

있을 것이다. 양반 남성의 문학자료에 나타나는 첩에 대한 지나
친 환상이나 혼인가족의 도덕적 이념을 통해 첩은 지나치게 천
시하는 풍조가 일반화되어 있지만 첩은 그 시대 삶의 한 유형이
었다.

아들을 얻기 위해

　정실부인이 생존해 있으면서 자식이 없는 경우 후사後嗣를
목적으로 첩을 들이는 경우가 있었다. 혼인과 이혼이 엄격하게
규제된 사회에서 정실에서 자식을 보지 못했을 때 첩은 가장 쉬
운 선택지가 되었다. 특히 종자宗子가 아닐 경우 조상을 이어야
할 부담이 없는 가운데 서자지만 '나'의 생물학적 후사를 얻을
수 있기 때문이다. 대표적인 경우로 이이(1536-1584)와 남이웅
(1575-1648)을 들 수 있다.

　율곡 이이는 부인 노씨가 오랫동안 아이를 갖지 못하자 두
명의 측실을 맞아 2남 1녀를 얻는다. 율곡은 39세(1574) 때 장남
경림景臨을 얻었고, 44세(1579) 때 차남 경정景鼎을 얻었다.[63] 그의
득남이 인생 말년에 이루어진 것을 볼 때 측실은 후사를 얻기
위한 목적이었다. 「율곡행장」에는 율곡의 부인 노씨가 "첩들을

은혜로 대우하며 친자매처럼 여겼다"[64]고 했는데, 두 첩은 경주 이씨 이양李暘의 서녀와 전주 김씨를 가리킨다. 율곡은 서장자 경림을 자신의 후사로 지정하였다.

남평 조씨는 17세에 남이웅(1575-1648)과 혼인하여 두 아들을 두었는데, 그들은 13세와 25세의 나이로 모두 세상을 떠났다. 조씨는 1636년 겨울 병자년의 난리를 만나 충청지역으로 피난을 떠나는 장면에서 시작되는 일기를 남겼다. 이후 붙여진 이름이 『병자일기』인데, 여기서 남편의 첩 천남어미가 출산하는 장면이 나온다. 남편의 첩 천남어미도 조씨와 함께 피난길에 오른 것이다. 남이웅은 나이 63세에 측실에게서 아이를 얻은 것인데, 당시 그는 소현세자를 보필하며 심양에 억류되어 있었다. 이런 경우 정실이 생존함으로 후처를 얻을 수는 없으므로 첩을 통해서라도 생물학적인 자식을 얻고 싶었던 것이다.[65] 자신의 핏줄을 얻고자 하는 것은 후사後嗣를 두어 가계를 잇는 것과는 다른 차원의 욕망으로 보인다.

채제공(1720-1799)의 경우를 보면 적자가 없어 양자로 대를 잇게 했지만 혈육에 대한 정은 무엇으로도 대체할 수 없는 것이었다. 그는 서자 채홍근의 배필로 정약용의 서매庶妹 정씨를 맞으며 작성한 혼서에 자식을 향한 늙은 아버지의 사랑이 어떤 것인가를 보여 준다. 이 생물학적인 핏줄에 대한 감정은 적서의 이념보다 앞서는 것이다. 그는 아들의 배우자가 될 서녀 정씨에게 부모로서의 애정을 유감없이 드러냈다.

> 저의 서자 홍근弘謹은 문장과 재주가 엉성하니 매고枚皐처럼 아버지의 행적을 이을 수 있을런지요. 하지만 귀댁의 서녀庶女는 침선을 손수하며 두보杜甫의 딸처럼 어머니를 본받은 행실이 일찌감치 알려졌습니다. 마침 화목한 가정을 이룰 시기가 되어 혼인을 약속해 주시니 칡처럼 얽힌 오랜 정의가 더욱 친밀해집니다.[66]

채제공은 두 번의 결혼으로도 자식을 얻지 못했는데, 첩을 얻어 비로소 자식을 얻었다. 두 사람의 첩이 각각 아들을 한 명씩 낳았는데, 그의 아내 권씨가 매우 기뻐했다고 썼다. 후처였던 권씨는 남편의 첩에게서 아들을 얻자 "이 아이들은 내 지아비의 골육이니, 내 배로 낳은 것과 무엇이 다르랴"[67] 하며 품에 안고 정성껏 길렀다. 이로 볼 때 채제공의 첩은 혈육을 얻으려는 목적이 있었던 것이다. 최한기(1803-1879)는 첩을 들이는 것이 생자生子에 목적을 둔 것이라 보았다.

> 처와 첩을 얻는 것은 산육産育을 위해서이다. 아내가 아

이를 낳지 못하면 불가불 첩을 얻어야 하니 이는 산육을 위해서이다. 그러나 아내와 첩이 모두 아이를 낳지 못하면, 이는 남자의 정精이 완전하지 못한 데 그 원인이 있는 것이다. 그러나 사람들은 항상 자신의 병은 병으로 여기지 않고 아내와 첩에게 그 병의 책임을 돌린다. 그리하여 두세 번씩 첩을 얻고 내치는 것이 무상無常하고, 사랑하고 미워함이 일정하지 않아, 집안이 어지러워지고 심신心身의 해가 됨이 끝이 없다. 산업의 성쇠나 가도家道의 흥패가 가취嫁娶에 그 처음 터전을 이루어 태교胎敎와 산양産養을 잘하느냐 잘못하느냐에서 이루어지는 것이다.[68]

　욕망의 관리를 중요한 덕목으로 여기는 유교사회에서 첩을 들이는 것은 조심스러울 수밖에 없었는데, 그런 점에서 후사를 얻기 위해 첩을 들인다는 말은 남편 자신을 합리화하는 수사로 쓰이는 경우가 많았다. 중국 동진東晉의 사안謝安(320-385)의 일화는 첩을 합리화하는 남성의 심리를 잘 반영하고 있다. 즉 첩을 반대하는 아내를 설득하는 논리로 많은 자식 얻기를 염원한 『시경』「종사螽斯」편을 인용하자 아내는 곧 그 시는 남자가 썼기 때문에 그런 논리를 편다며 일축했다. 시「종사」는 문왕의 부인 태사(太姒)가 남편이 많은 자식을 얻을 수 있도록 많은 첩을 용인한 것을 찬미한 내용이다. 이를 근거로 후세의 학자들은 "문왕이 백 명의 아들을 둔 것은 태사의 아름다움(太姒之徽) 때문"이고 "메뚜기의 웅웅거리는 날갯짓은 태사의 어짊(太姒之仁)을 노래한 것"[69]으로 해석했다. 다시 말해 사안의 부인에 의하면 많은 자식을 얻기 위해 첩을 얻어야 한다는 논리는 본처를 길들이기 위한 수작에 불과하다는 것이다.

생활의 관리와 수발

처가 생존해 있지만 주부로서의 역할을 할 수 없는 경우 또는 노년에 들어 사별하여 대등한 신분에서 처를 맞이할 수 없는 경우 첩을 선택했다. 김집(1574-1656)이나 정약용(1762-1836)의 부친 정재원 등의 사례가 이에 해당한다. 김집의 경우는 후사도 중요하지만 주부 역할을 할 아내가 더 필요한 상황이었다. 부인 유씨는 좌의정 유홍(劉泓)의 딸로 고질병이 있어 주부 역할을 할 수가 없었다. 이에 김집은 23세(1596) 때 율곡의 서녀 이씨를 첩으로 맞아들인다. 이씨는 현명하고 정숙하여 실제 안살림을 도맡아 하였고, 시아버지 김장생을 30여 년 봉양하여 효순(孝順)하다는 평을 받았다.[70] 송시열은 김집의 묘지명에서 측실 이씨를 "영민한 까닭에 김집의 처를 대신하여 가정의 대소사를 맡았고, 김집의 두 아들과 두 딸 모두 그녀의 소생"[71]이라고 했다.

퇴계는 21세 때 동갑내기 허씨와 혼인을 하여 두 아들을 두었다. 그런데 그녀가 27세 때 둘째 아들 이채를 낳고 한 달 만에 세상을 뜬다. 부인 허씨가 죽은 후 측실을 들인 것으로 보아 안살림을 챙겨 줄 주부가 필요했던 것이다. 이후 30세의 퇴계는 권질의 딸 권씨와 재혼을 한다. 훗날 퇴계는 장남 이준에게 서모를 잘 돌보아 줄 것을 당부한다.[72]

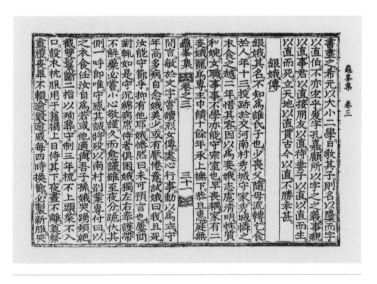

그림 3 「은아전」, 서울대학교 규장각한국학연구원 소장

송익필의 전기물에 나오는 수성수의 첩 은아도 남편의 수발을 들기 위한 용도라고 할 수 있다. 은아가 어떻게 수성수의 집에 왔는지, 첩으로 들게 된 과정 그리고 수성수 집안의 가사 일체를 주관하는 모습을 볼 수 있다. 【그림 3】은 「은아전」원문이다.

> 은아銀娥가 그의 이름인데, 누구의 딸인지 모른다. 어려서 아버지를 잃고 어머니를 따라 여기저기 떠돌며 다른 사람들에게 빌어먹으면서 자랐다. 13세가 되었을 적에 교하交河의 남촌에 사는 수성수秀城守 이검李儉의 집에 왔는데, 수성수가 불쌍하게 여겨 옷과 먹을 것을 주었다. 그로부터 2년 뒤에는 그 용모가 아까워서 자신의 첩으로 삼았다. 은아는 지려志慮가 맑고 밝았으며 성질이 부드럽고 고왔다. 여자로서 해야 하는 여러 가지 일에 대해서는 배우지 않고서도 능히 잘하였다. 수성수는 종실이다. 일찍 배우자를 잃고 집에 첩실 두 명을 두었는데, 은아가 총애를 독차지하였다. 은아가 중궤中饋를 주관하여 윗사람을 받들고 아랫사람을 어루만져 주며 공손하게 하고 은혜롭게 한 지 10년 동안 집안에는 이간하는 말이 없었다. 은아는 글공부를 하는 것도

민첩하여 항상 『열녀전』을 읽었으며, 마음을 쓰고 일을 행할 때는 모두 이것을 법식으로 삼았다. 수성수는 나이가 많아져서 병이 들자, 스스로 '은아는 아름답고 젊으니 혹 나에 대해 싫증을 내는 뜻이 있지나 않을까'라고 여겨 은아에게 시험 삼아 말하기를, "내가 이제 죽으면 너는 수절을 하겠느냐, 아니면 다른 곳으로 가겠느냐?" 하자, 은아가 처연한 기색으로 말하기를, "미리 무어라 단정 지어 말씀드릴 수 없습니다" 하였다. 그 뒤에도 여러 차례 물어보았으나 번번이 그렇게 대답하곤 하였다.

수성수가 병에 걸려 오랫동안 병석에 누워 있자, 곁에서 시중을 드는 사람들이 모두 지겨워하였다. 그러나 은아만은 홀로 곁에서 시중을 들면서 간호하되, 옷의 띠를 풀지 않았고 약을 드릴 때에는 반드시 먼저 맛보는 등 시간이 갈수록 더욱더 정성스럽게 조심하고 공경하였다. 그리하여 비록 한밤중이라도 수성수의 곁에서 엎드려 있다가 한번 부르기만 해도 즉시 대답하였다. 수성수가 그 정성에 감동하여 죽을 때에 남촌에 있는 별업別業을 모두 은아에게 주면서 말하기를, "이것을 가지고 먹고살면서 네 마음대로 해라. 만약에 혹 다른 곳으로 가게 된다면 나의 자손들에게 주고 가라" 하였다. 수성수가 죽자, 은아는 슬피 통곡하다가 혼절하기까지 하였으며, 머리카락을 자르고 두 손가락을 잘라서 장사 지낼 때 관에 함께 넣게 하였다. … (그 후) 나물 뿌리나 보리밥마저도 없어서 가끔 굶을 때가 있었는데, 친하게 지내는 사람들이 서로 와서 권하기를, "어찌하여 수성수가 준 것을 팔아서 윤택하게 살지 않는가?" 하자, 은아가 말하기를, "천하고 가난하던 거지의 후손인 나는 거친 밥을 먹고 사는 것이 분수에 맞아요. 어찌차마 나리께서 손수 문서를 작성해 주신 토지를 다른 사람에게 팔아서 좋은 옷과 맛난 음식을 장만할 수 있겠어요" 하였다. … 눈물을 삼키면서 홀로 지내다가 토혈로 인해 병환에 걸렸다. 8년 동안 그렇게 살다가 죽으니 나이가 37세였다. 여러 후손이 장사를 치르기 위해 은아의 방 안에 들어가 보니, 서책과 궤안几案과 필연筆硯이 잘 정돈되어 있어서 각각 제자리에 반듯하게 놓여 있었다. 한결같이 수성수가 살아 있을 때 사용하던 대로 놓여 있는 것을 보고는 서로 탄복하였으며, 선인先人의 곁에 장사 지내 그 뜻을 이루어 주었다고 한다. 아아, 아름답다. … 뒤에 이 전傳에 의거하여 조정

에 아뢰어 정문旌門을 받았다.[73]

다산 정약용가의 경우에서도 가정 살림이나 수발을 위해 선택된 여성들을 볼 수 있는데, 이른바 첩이다. 정약용의 부친 정재원(1730-1790)은 44세 때 20세의 김씨(1754-1813)를 측실로 맞이했다. 41세에 부인 윤씨와 사별한 정재원은 처녀 황씨를 측실로 삼는데, 오래지 않아 그녀가 요사하자 중인中人 신분의 김씨를 다시 선택한 것이다. 노년에 든 정재원은 제도적 제약이 많은 처보다는 첩을 들여 가사를 돌보고 자신의 수발을 들게 한 것이다. 다산은 이러한 서모 김씨의 묘지명을 썼다.

> 서모 김씨는 사역원정司譯院正 동지중추부사 김의택의
> 딸이다. 본관은 잠성岑城이니 지금 금천군에 합하여졌
> 다. 우리 선고先考 진주목사 휘 재원載遠께서 우리 어머
> 니를 잃고 그 이듬해 금화현의 처녀 황씨를 취하여 측
> 실로 삼았는데, 오래지 않아 요사하였다. 계사년(1773)
> 에 또 서울에서 처녀 김씨를 취하여 측실로 삼았는데
> 그때 나이 20이었으니 곧 서모이다. 천성이 명민하고
> 작은 체구에 말이 적었으며 또 부드럽고 화평하였다.
> 우리 아버지를 정성스럽고 부지런하게 섬기되 20년을

하루같이 하매 아버지가 편안하였으니, 그 공을 기록할 만하다. 처음 우리 집에 올 때 용의 나이가 겨우 12살이었다. 머리에 서캐와 이가 많고 또 부스럼이 잘 났다. 서모는 손수 빗질해 주고 또 그 고름과 피를 씻어 주었다. 그리고 바지·적삼·버선을 빨래하고 꿰매며 바느질하는 수고도 또한 서모가 담당하다가 장가를 든 뒤에야 그만두었다. 그러므로 나의 형제자매 중에서 특히 나와 정이 두터웠다. 신유년(1801)의 화에 내가 남쪽 지방으로 귀양 가니, 서모는 매양 생각하여 눈물을 흘렸다. 죽을 때에 미쳐서는, "내가 다시 영감令監을 보지 못하겠도다" 하는 말과 함께 숨이 끊어졌으니 아, 슬프도다.[74]

다산의 서모 김씨는 20살에 44세의 아버지 측실이 되어 주부가 없는 집안에서 살림 일체를 주관한 것이다. 어머니를 잃은 12살의 막내 다산을 씻기고 입히는 일도 그녀의 몫이었다. 화순, 예천, 진주로 남편의 임지를 함께 옮겨 다니며 수발을 들었다. 김씨는 3녀 1남의 자녀를 낳고 60세의 나이로 죽었다. 서모 김씨와 아버지의 나이 차는 24세인데, 사족의 첩으로 가는 여성들은 남자보다 나이가 훨씬 적은 경우가 대다수였다.[75] 가사를 관리하고 정실 소생의 어린 자녀를 양육하는 서모라는 이름의

그림 4 『여유당전서』, 국립중앙박물관 소장

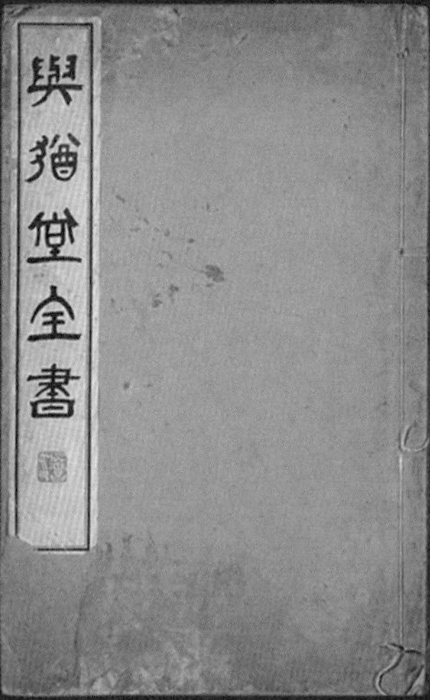

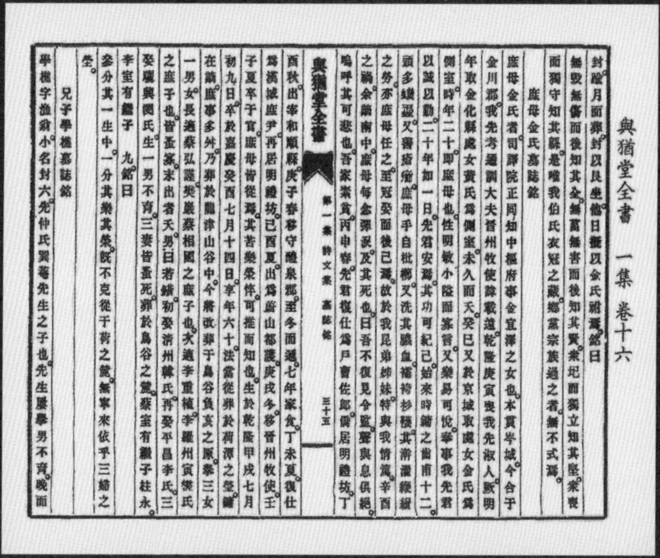

與猶堂全書 一集 卷十六

封隧月而葬封以艮坐他日擬以金氏祔焉銘曰
無毀無傷而後知其全無窩無害而後知其賢來圯而獨立知其堅衆喪
而獨守知其醇是唯我伯氏衣冠之藏鄕黨宗族過之者無不式焉

庶母金氏墓誌銘

庶母金氏者司䆃院正同知中樞府事金宜澤之女也本貫岑城今合于
金川郡我先考通訓大夫晉州牧使諱載遠乾隆庚寅喪我先淑人厥明
年取金化縣處女黃氏爲側室未久而夭癸巳又於京城取處女金氏爲
側室時年二十即庶母也性明敏小心而篤晉又樂易可悅奉事我先君
以誠以勤二十年如一日先君安焉其功可紀已始來時鏞之齒甫十二
頭多蟣蝨又善疥瘡庶母手自梳櫛又洗其膿血褌袴衫襪其澣濯縫紉
之勞亦庶母任之至冠娶而後已焉故於我昆弟姊妹特與我情篤辛酉
之禍余謫南中庶母每念輒涙及其死也曰吾不復見令監聲與息俱絶
嗚呼其可悲也吾家素貧丙申春先君復仕爲戶曹佐郎僑居明禮坊丁

與猶堂全書 第一集 詩文集 墓誌銘 三十五

酉秋出宰和順縣庚子春移守醴泉郡至冬而遞七年家貧丁未夏復仕
爲漢城庶尹再居明禮坊己酉夏出爲蔚山都護庚戌冬移晉州牧使壬
子夏卒于官庶母皆從焉其苦樂榮悴可推而知也生於乾隆甲戌七月
初九日卒於嘉慶癸酉七月十四日享年六十法當從葬於荷潭之塋鏞
在謫庶事多外乃葬於龍津山谷中今將改葬于鳥谷負亥之原奉三女
一男女長適蔡弘謹樊巖蔡相國之庶子也次適李重植李驪州寅燮氏
之庶子也皆蚤寡末出者夭男曰若鐄初娶濟州韓氏再娶平昌李氏三
娶驪興閔氏生一男不育三妻皆蚤死葬於鳥谷之麓蔡室有繼子柱永
李室有繼子 九銘曰
參分其一生中一分其樂其榮旣不克從于荷之麓無寧來依乎三婦之
塋

兄子學樵墓誌銘

學樵字漁翁小名封六先仲氏巽菴先生之子也先生屢擧男不育晩而

그림 5 「서모김씨묘지명」, 서울대학교 규장각한국학연구원 소장

첩, 개별 가족은 물론 사회적인 차원에서도 재평가되어야 할 존재이다.

정약용 형제가 소실(첩)을 둔 것도 유배지라는 특수한 생활에 절실했기 때문이다. 다산의 형 자산 정약전은 유배지 흑산도에서 소실을 두었다. 자산은 이 여성으로부터 두 아들 학소와 학매學校를 얻었다. 다산은 유배 10년 차에 강진 남당포 출신의 여성을 소실로 맞이한다. 당시 다산은 심신이 위태한 상태였는데, 『시경강의』 12책 저술에 의욕을 쏟은 것이 무리였는지 수족과 언어에 마비가 왔다. 절망한 다산은 이들에게 오래지 않아 당도할 자신의 상장례를 의논하기까지 한다. 다산은 아들 학연에게 자신이 풍병으로 사지를 쓰지 못하고 있으니 이치로 보아 오래 살 것 같지 않다고 하며 자신의 죽은 후의 일을 일러둔다. 즉 "내가 이곳(강진)에서 죽는다면 이곳에다 묻어 두고 나라에서 죄명을 씻어 줄 때를 기다렸다가 그때 가서 반장反葬해야 한다" 라고 한다.[76] 그만큼 심각했던 것이다. 이에 제자들이 돌아가며 식사 당번을 하지만 누군가 작심하고 섭생과 수발을 맡아야 할 형편이었다. 소실 남당댁의 자상한 돌봄으로 다산은 되살아난다. 5년 동안 다산의 수발을 들며 딸 홍임을 낳는데, 이후 그녀는 홍임모로 불리었다.[77]

다산과 자산, 형제는 같은 날 함께 유배길에 올라 바다를 사이에 두고 서로 바라보는 곳에서 편지로 안부를 나누며 조선시대 학술의 최고봉을 이룬 사람들이다. 형제의 새로운 작품이 나올 때마다 보내온 초고를 읽고 평가하고 격려하면서, 각자는 서로의 존재의미가 되었다. 특히 형 자산은 아우 다산의 경전 해석을 '동쪽 하늘의 떠오르는 샛별'이나 '중천의 밝은 태양'에 비유하며 칭찬을 아끼지 않는다. 정약전도 해중海中의 많은 저술을 내는데, 널리 알려진 것으로 해양생물을 과학적으로 분류하고 해석한 『자산어보』 2권이 있다. 자산은 유배 16년 만에 귀양지에서 최후를 맞지만 "동복同腹이면서 지기知己"를 잃은 다산은 그 2년 후 해배되어 고향으로 돌아온다. 귀양지에서 두 형제는 수발을 들 여성을 첩으로 얻어 건강을 유지하면서 각각 저술 활동을 이어 간 것이다. 그러는 사이 자산은 아들을 둘 얻었고 다산은 딸 하나를 얻었다.

성애性愛의 대상

세 번째 유형은 정실부인이 생존해 있고 후사로 삼을 자식이 있는데도 첩을 들이는 경우다. 후사를 걱정할 일도 없고 가사를 담당할 주부를 구할 일도 없는 상황의 축첩은 대개 종욕縱

欲 또는 탐욕이 작용한 것이다.

첩의 신화에서 단골로 인용되는 시가 있다. 당나라 시인 이백李□의 작품 「첩박명妾薄命」이라는 시다. 여기서 첩은 사랑을 매개로 한 성애적 존재이고, 첩 또한 이 구조에서 자신을 받아들인다. 이백 시의 운韻을 활용하여 이후 문인들도 첩을 노래한 시를 짓거나 즐겨 인용하는데, 첩에 성적 환타지를 결부시키는 방식이다. 이백의 시 「첩박명」의 운을 사용한 이곡(1298-1351)은 "두 뺨이 붉은 옥소반과 같아서", "미움과 사랑은 무상한 것", "아침의 연인이 저녁에 타인이 된다"는 등의 언어로 첩의 모습을 그려 낸다.[78] 낭만화된 이러한 유형은 권력이나 부를 가진 남성들이 선택할 수 있는, 성과 결부된 경우의 첩이다. 그러면 이백의 시에서 첩은 어떻게 그려지는가.

> 한나라 무제가 아교阿嬌를 총애하여 황금으로 만든 궁궐에 모셔 두었네.
> 하늘에서 떨어진 침방울조차 바람 따라 구슬로 변할 정도였네.
> 지극하던 사랑이 시들해지니 질투가 깊어져 정마저 도리어 멀어졌네.
> 장문궁長門宮이 한 걸음 거리이건만 발길 한 번 돌리려

하지 않았네.

떨어진 빗방울 하늘로 오르지 못하고 쏟아진 물은 다
시 주워 담지 못하네.

황제의 사랑과 황후의 마음은 각자 동서로 흩어져 버
렸네.

예전에는 부용꽃이었는데 이제는 단근초斷根草가 되어
버렸네.

아름다운 다른 사람을 고와하니 좋은 시절 얼마나 갈
수 있으리오.[79]

고려 말 이곡李穀은 이백의 시를 활용하여 첩이 처한 환경을
보여 준다. 「이태백의 시 〈첩박명〉의 운을 따라 지음(妾薄命-用太
白韻)」이라는 시 2수蓋다. 먼저 한미한 집안의 딸로 태어났지만
뛰어난 미모로 인해 스스로 자부심이 대단했음을 그렸는데, 뭇
젊은 자제들이 지나가다 수레를 멈춰 관심을 보였지만 미인은
응하지 않는다. 그러다가 좋은 시절 다 놓치고 긴 세월 집 안에
만 틀어박혀 산다. 미색이 굴레가 되어 신세를 그르쳤다는 뜻이
다. 이 외로운 여성은 스스로를 위로하는 시를 읊조린다. "미움
과 사랑은 예부터 무상한 것이라 아침의 연인이 저녁에는 타인
이 되지요(憎愛古無常, 朝恩暮乃疎)." 다시 말해 미모를 타고났지만

한미한 집안의 오두막에 살고 있어 수레 탄 귀족 남성들이 그녀를 넘보았던 건 첩의 자리였다는 것이다. 이를 거부한 대가는 혹독하리만치 쓸쓸하다.

> 임의 수레에 오를 희망 끊어졌어라
> 누굴 위해 금빛 침상 먼지 털거나
> 수놓은 이불 거둔 지도 이미 오래전
> 허전한 규방에 스며드는 차가운 달빛.[80]

이곡의 시가 아름다운 외모를 첩의 조건으로 여긴 것은 첩의 용도가 성애의 충족에 있다는 전제에서다. 이처럼 문인들이 본 첩의 실상과 성격은 지나칠 정도로 낭만적이다. 그런데 첩을 성적 욕망을 위한 수단으로 들이는 경우는 부귀한 양반 사족에만 국한되지는 않았다. 후사를 걱정할 일도 없고 생활을 담당할 주부를 구할 일도 없는 상황에서 첩을 두는 경우는 대개 종욕縱欲이나 탐욕이 개입한 것이다.

대표적인 사례로 이시발(1569-1626)을 들 수 있다. 그는 19세에 동갑인 여흥 민씨와 혼인을 하고 2년 후에 문과에 급제하여 서울에 거처를 꾸린다. 경상도 관찰사로 있던 30세에 첩을 얻는데, 측실은 이이의 질녀이자 이우(1542-1609)의 서녀인 덕수 이씨(1584-1609)다. 아내와의 사이에 딸이 있었고 아들은 아직 얻지 못했지만 30세로 충분히 후사를 얻을 수 있는 나이이다. 참고로 후사를 얻기 위한 축첩은 『대명률』 등의 법전에서도 명시한바 40세를 기준으로 하고 있다. 이시발이 직접 쓴 「측실을 위한 제문」에는 이씨를 첩으로 맞게 된 과정이 기술되어 있다.

> 자네가 아름답다는 소문을 듣고 잠 못 드는 날을 보내기를 반년, 결국 자네 부모의 허락을 얻어 내었지. 혼인한 후에 자네의 지행志行을 보니 그 총명하고 명석한 재능과 단정하고 정숙한 자질이 과연 일반적인 규수에 비할 바가 아니었으니 자네 부모에게 사랑을 받은 이유가 있었다. … 경사經史에 박식하고 거문고와 바둑 실력이 뛰어났으며 자수와 서화에도 능했다. 내 정이 자네에게 특별히 깊은 것은 어찌 재색의 아름다움에만 있겠는가.[81]

이시발이 측실을 '후사를 얻기 위해서'라고 한 것은 유교 관료로서의 자기 합리화라 할 수 있다. 이시발은 16세 연하의 측실에게서 아들을 경충慶忠을 얻는데, 같은 해에 동갑의 정실 민씨는 아들 경연慶衍을 낳는다.[82] 여기에서 보듯 그가 첩을 들인 것은 뛰어난 자질과 미모를 갖춘 젊은 여성에 대한 욕망임을 부정할 수 없다.

첩을 얻는 것은 국법으로 용인된 것이지만 '욕망 절제(節慾)'라는 유학 지식인의 정체성에는 부합하지 않는 측면이 있다. 유희춘(1513-1577)은 지인의 혼사에 참석했다가 신랑신부를 위해 촛불을 밝혀 줄 것을 부탁받고는 사양하는데, 그날 일기에 그 이유를 썼다. "나는 첩을 둔 사람이라 사양했다(余辭以有妾)."[83] 이처럼 성애의 대상으로 첩을 들인 경우 떳떳하지 못했는지 자기 합리화나 자기 변명이 뒤따랐다. 첩을 들이는 양반이 근대에 가까워질수록 줄어드는데, 그 주요 원인으로 주자학적 이념에 의한 부정적 인식과 양반의 경제력 약화를 들고 있다.[84] 축첩이 성애와 결부된 경우를 말한 것이다.

5

주어진 삶,
도전하는 의식

서녀로 태어나 첩이 되다

서녀로 태어나면 통상 서자의 처가 되거나 적남嫡男의 첩이 되었다. 첩으로 가는 경우에는 남자가 어느 정도의 재력을 갖추었다거나 사회적 지위가 있다거나 하는 등의 이유가 있었는데, 아무래도 나이 차가 컸다. 서녀의 경우 예禮나 법法이 부여한 의무 규정은 보이지 않는다. 다만 국왕의 서녀는 왕실 외명부의 호칭과 관련하여 법제화되었는데, "왕의 후궁이 낳은 딸을 옹주"라 하고 "옹주는 국왕의 서녀"라고 하였다.[85] 그리고 "공주에게 장가든 자는 종1품의 품계와 자급을, 옹주에게 장가든 자는 정2품의 품계와 자급을 제수한다"[86]고 하였다. 왕의 딸이라도 후궁妾 소생의 서녀는 왕비妻 소생의 공주와 차별화되었다. 이렇게 왕실 딸들을 적서에 따라 그 품계를 위계화한 것은 곧 양반가의 생활 문화에 그대로 반영된다. 그런 점에서 첩의 자기 인식은 태어나 자라면서 자신을 인식해 온 역사와 분리될 수 없다.

그렇다면 적녀와 서녀는 어떤 차이가 있었을까. 중종 6년(1511) 임영대군의 서손庶孫 희제수 이호李瑚는 두 딸의 혼사와 관련하여 분란에 휘말리는데, 여기서 서녀를 대하는 당시 관행을 볼 수 있다. 이호는 적녀를 강은姜䎘에게, 서녀를 윤계尹溪에게 시집보내기로 하고 납채까지 행하였다. 두 사윗감은 전도가 유망한 생원이었는데 문벌로는 서녀와 혼약한 윤계가 좀 낮았다. 그런데 윤계가 과거에 급제하게 되면서 자신의 배필을 적녀로 바꾸어 줄 것을 요구하는데, 장인 될 이호는 부득이 이에 응한다. 반면에 배우자를 바꾸어 서녀를 강은에게 보내기로 한다. 이에 강은이 헌부에 고발하여 자신의 혼인을 무효화시킨다.[87] 이 사건을 보면 차별이 없다고 할 수는 없지만 16세기 초에는 양반 남성의 정실로 서녀를 선택할 수 있었다는 것이다. 후기로 갈수록 서얼이 하나의 신분층을 형성하면서 서녀의 배우자 선택에 제한이 가해진다. 양반의 서녀는 양반 적자의 첩이 되거나 양반 서자의 처가 되는 방식의 혼인으로 일반화되었다.

사실 서녀로 태어나 가족 속에서 성장해 가는 현실은 적서 차별의 제도 및 이념에서처럼 엄격하지 않았다. 보통의 아버지라면 자식에 대한 애틋함이 앞섰다. 조관빈(1691-1757)은 죽은 서녀를 위한 애사에서 신분의 굴레를 안고 태어난 딸을 안타까워한다. "눈처럼 희고 옥같이 예쁜 너, 아들이 아닌 것이 한스럽고 적녀가 아닌 것이 애석했지. 아비와 딸로 만난 지 겨우 스무 달, 그 태어남이 어찌 우연이고 그 죽음은 어찌 이리 빠른가."[88] 송시열(1607-1689)도 다섯 살 난 서녀가 죽자 지나치게 슬퍼하며 말한다. "부자는 천륜이니 이해利害를 따지는 마음이 있겠는가. 딸아이가 죽은 눈앞의 참통慘慟은 남녀와 장유의 차이가 있겠는가."[89] 서녀로 태어난 딸의 처지가 안타까웠을 아버지들이 어찌 기록에만 국한되겠는가. 반면에 자식을 놓고 적서를 따지고 혼인 거래에서 활용 가치를 계산하는 부모 또한 적지 않았을 것이다.

서녀는 자신을 낳아 준 부모를 어떻게 기억할까. 시집간 딸로서 부모에 대한 그리움은 적녀나 서녀가 다를 것 같지 않다. 김집의 측실이자 율곡의 서녀인 이씨는 아버지 기일에 직접 제사를 지냈다. 그런데 아버지 율곡이 평소에 쇠고기를 먹지 않았기 때문에 제찬 준비가 매우 까다로웠다고 한다. 이에 대해 송시열은 각자 형세가 다를 수 있기에 "출가한 딸이라도 지방을 가지고 전奠을 올릴 수 있다"라고 하였다.[90] 또 율곡이 쓴 '빈접에 관한 일 한 가지(擯接一事)'는 언문으로 번역되어 세상에 유통되었는데, 서녀 이씨가 소장해 온 것이다.[91] 율곡의 서녀가 시집에서 친정 부친의 제사를 지내고 부친의 유적을 간직해 온 것은 딸 또는 서녀라는 의식에 앞서 자식 된 도리에 충실했던 것이다.

율곡의 서녀와 사촌간인 옥산 이우의 서녀는 서화書畵와 거문고 등 다방면의 재주를 보이며 성장하는데, 당시 관행대로 사대부의 측실이 되었다. 그녀가 친정에 전복을 보내자 아버지 옥산이 감동의 시를 보낸다. "정성으로 말린 전복 늙은이 안주에 제격이라, 마음에 새겼다가 마침내 보내왔구나, 얼마나 입을 즐겁게 하는지." 사위는 "변변치 못하지만 딸의 미음은 오로지 부

모 봉양에 있습니다"라고 차운한다.[92] 서녀 이씨와 아버지 옥산이 부녀로서 서로 그리워한 정황은 사위 이시발의 또 다른 글에도 보인다. 딸이 분만하던 날 저녁에 장인의 부음이 당도하는데, 효심이 지극한 그녀가 슬픔으로 몸이 상할 것을 염려하여 그 부친의 부음을 숨겼다는 내용이다.[93] 율곡가의 두 서녀는 자신들의 신분에 대한 의식보다 '훌륭한' 아버지의 딸이라는 정체성이 더 강했던 것 같다. 이이의 서녀와 이우의 서녀는 신사임당의 손녀들인데, 할머니의 성품이나 예술적 재능을 잇고 있다는 점에서도 주목된다.

양반가의 서녀들은 대개 부계혈통에 대한 자부심을 드러내곤 하는데, 오리 이원익(1547-1634)의 서녀를 보자.

> 이씨는 완평부원군 이원익李元翼의 서녀다. 재상 이항복의 서손庶孫의 아내가 되었다. 인조 때 오랑캐의 난리를 피해 강화로 갔는데, 강화가 함락되자 오랑캐가 사대부의 자녀들을 붙잡아 돌아가니, 이씨가 무리들 가운데 서서 소리쳤다. "나는 돌아가신 완평完平 이 상국相國의 딸이오." 그리고 마침내 목을 그어 자결하였다.[94]

한편 그녀들은 첩 소생이라는 소외감에서 자유롭지 못했다.

옥산 이우의 서녀는 소생 자녀들의 미래에 대한 염려가 컸는지 죽는 그날까지 아이들을 가르쳤다. 서자로서 세상을 살아야 할 아들들을 피나게 훈련시키고 단련시켰는데, 그런 그녀의 죽음은 주변 사람들을 더욱 안타깝게 했다. 최립(1539-1612)은 이씨를 위한 애도사에서 "아직 젊은 나이로 세상 하직하던 날, 반소班昭처럼 아이를 가르치고 있었지"[95]라고 한다. 자신의 문제의식을 서자가 된 아들에게 투영한 것이다. 남편 이시발이 쓴 제문에서도 '남겨진 아이들을 잘 길러 내겠다'고 다짐한 것은 그녀가 평소 무엇을 염려했는지를 짐작게 한다.[96] 서녀로 태어나 측실이 된 이씨가 자신의 운명을 변화시킬 수 있는 방법이란 중심을 부정하기보다 스스로 노력하여 중심으로 진입해 들어가는 방식이었다.

첩의 자기 인식과 도전

첩이나 서녀가 세상에 드러나는 것은 자기 목소리나 자기 서술에 의해서가 아니라 누군가에 의해 서술되는 경우이다. 처(정실)나 적녀嫡女라고 크게 다르진 않지만, 조선시대의 첩과 서녀는 주변화되고 은폐된 존재의 특성상 더 가려질 수밖에 없었다.[97] 일기나 편지로 자기 존재를 당당하게 드러내던 정실과는 달리 서녀나 첩이라면 능력이 있더라도 그럴 수 없었다. 특히 정실 소생들은 딸의 혼인 관계나 어머니의 가계家系가 양반 남성의 공식적, 비공식적 기록의 필수 항목이기에 이를 통해 역사의 한 부분으로 편입될 수 있었다. 하지만 가족의 계보에서 배제되거나 주변화된 서자는 그 어머니와 외족外族의 계보를 파악할 수 없는 구조이다. 서자의 생모가 '역사'에 드러나는 것은 적형제嫡兄弟에 의해 서모庶母로 등장하는 정도에 불과하다. 따라서 첩이 스스로를 어떻게 인식하는지를 알아내기란 매우 제한적일 수밖에 없다. 이러한 한계가 있지만 첩으로서 자신의 존재를 인식하여 새로운 삶에 도전하는 사례들을 찾아보기로 한다.

이덕무는 양반가의 첩이었던 한 여성이 남편을 잃고 실의에 빠져 있다가 남편이 남긴 시를 읽고 시인으로 다시 태어난 사례를 소개한다. 맑은 기운의 시를 찾아내어 변증 또는 품명한 글들의 모음집 「청비록清脾錄」에 담긴 사례다. 김성달(1642-1696)의 부실 이씨가 시인이 된 사연과 작품 하나를 소개했다. 김성달의 부실 이씨는 대략 4백여 자字를 알 뿐으로 시를 지을 줄은 몰랐다. 남편이 죽자 남편의 시고詩稿를 안고 사흘 동안을 통곡했다. 그 후 그녀는 홀로 시 공부를 하여 시인이 되었다. 자기가 알고 있는 4백 자를 이리저리 변통하여 시를 짓는 데 여유가 있었다

한다.[98]

한편 첩이 집안의 어른으로 역할을 한 사례들이 조선 전기 문집에 드물지 않게 나타난다. 고봉 기대승(1527-1572)은 외조부의 첩인 외조모에게 보살핌을 받는데, 어른이 되어서도 잊지 못했다.

> 이 당시 나의 외조부의 첩妾인 외조모께서 가문의 어른으로서 항상 여러 손자들을 어여삐 돌보셨다. 나의 어머니께서 어릴 적에 일찍이 그 집에서 자랐고 나의 형도 그 집에서 자랐는데, 우리들이 어머니를 여의었기 때문에 매우 극진하게 돌보아 주셨다. 연세가 팔순이 넘었는데도 청력이나 시력이 조금도 감퇴하지 않았다. 항상 나를 어루만지며, "반드시 대인大人이 될 것이니 열심히 글을 읽어라. …" 하셨는데, 그해 봄에 별세하였다.[99]

적자嫡子 적손嫡孫의 계보가 있듯이 당연하지만 서자 서손의 계보로도 가족은 형성된다. 하지만 서계庶系에 주목하지 않거나 계보를 떳떳이 밝히고 싶지 않아서인지 서자의 계보는 가시화되지 않았다. 송익필이 성혼에게 보낸 편지를 보면 서자는 생모, 즉 첩의 자리에 있는 어머니를 어머니로 모시는 것도 사실은 어려운 일이었던 것 같다. "사실私室에 있을 때에는 스스로 어머니를 공경하는 예를 다할 수 있으나 가장을 모시고 있을 경우에는 그렇지 않을 듯합니다."¹⁰⁰ 다시 말해 부모에 대한 자식의 효를 천경지의天經地義로 삼지만 서자녀나 서손이라면 말이 달라지는 것이다.

그런 점에서 서자인 아버지 정익鄭杙과 아버지의 생모 원씨, 그들 모자의 지극한 자애와 효심을 기록으로 남기고자 한 서손 정홍수의 문제의식이 돋보인다. 즉 파주 목사를 지낸 정지경 (1586-1634)의 측실 원씨는 아들 정익을 낳았고, 정익은 아들 정홍수를 낳았다. 원씨의 아들과 손자는 서자이고 서손이 된다. 정홍수가 서계 박세당(1629-1703)에게 자신의 아버지 정익의 묘지명을 부탁했다. 일부를 소개하면 다음과 같다.

> 모친 원씨는 원유남元裕男의 서녀이고 원두표의 서매이며 정지경의 측실이 되었다. 그녀의 아들은 정익鄭杙인데, 정지경의 서자다. … 군(정익)은 조금 자라서는 글을 읽고 문장을 짓는 공부를 하였는데, 20세 가까이에 모친의 병환을 구완할 목적으로 학업을 버리고 의술醫術을 배웠다. … 군은 효성을 다해 모친을 모셔 향당鄕黨

에 칭찬이 자자하였다. 밖을 나갈 때마다 맛있는 음식을 보면 먹지 않고 가지고 돌아와 모친에게 드렸으며, 비록 군이 사랑하는 소실이라 할지라도 모친이 달가워하지 않으면 주저 없이 내보내어 모친의 뜻에 따랐다. 한번은 연경燕京으로 사행使行 가는 이가 억지로 데리고 가는 바람에 모친 곁을 멀리 떠난 적이 있었는데, 행로에서 사물을 대할 때마다 모친을 그리워해 마지않으니, 보는 이들이 숙연해할 정도였다. … 군은 여산 송씨 송희업의 서녀에게 장가들었는데, 부인은 명가名家의 훈육을 받아 아내의 도리를 다하였다.[101]

정홍수는 자신의 아버지와 자신의 할머니의 모자 관계가 그어떤 효자보다 더한 사랑과 정성을 담고 있다고 본 것이다. 하지만 세상의 모든 도덕은 적자나 적손을 향해 가고 있다. 그래서 더욱 누구에게는 첩이고 서모였던 할머니 원씨의 삶과 가계를 당대 최고 학자 박세당을 통해 떳떳하게 자리매김하고 싶었던 게 아닐까.

소개할 사례에서는 첩의 운명에 순응하지만 내면의 갈등과 회환에 잠겨 있는 한 여성의 자기 인식을 엿볼 수 있다. 1999년, 서울의 고서점에서 한시 16수가 발견된다. 이것저것 필사해 놓은 책 사이에 들어 있던 이 시 「남당사南塘詞」는 강진에 유배 와 있던 유명한 학자를 현지에서 보살폈던 첩의 마음을 담은 것이다. 바로 다산 정약용의 소실 이야기였다. 해배된 다산을 따라 어린 딸과 함께 마재 본가까지 왔다가 '쫓겨나(遭逐)' 쓸쓸히 강진으로 되돌아간, 그녀의 마음을 독백의 형식으로 풀어놓은 것이다. 작중 화자가 누구인지는 밝혀진 바 없다. 다만 누구나 공감할 수 있는 첩의 마음을 담았다는 데서 첩의 자의식에 접근할 수 있는 자료라 할 수 있다. 앞 장에서 소개한바 다산이 강진에서 얻은 소실은 건강에 적신호가 온 자신의 수발을 맡기기 위한 용도였다. 다산이 이 여성으로부터 보살핌을 받아 건강을 회복하고 학문적 업적을 쌓았지만, 이 소실은 물론 그 소생 딸 홍임의 존재도 숨기려고 한 정황들이 드러난다.[102]

그렇다면 첩인 그녀에게 다산은 무엇이었을까. 어떻게 부모 연배에다 건강에 적신호가 온 다산과 인연을 맺을 생각을 했을까. 「남당사」 속의 화자는 자신을 일러 "조관朝官을 지낸 분의 첩실"이라 한다. 그렇다면 대과 급제한 조정 대신이었다는 그 자체가 그녀에게 큰 의미였던 것 같다. 「남당사」 7절에서 화자는 다산이 대학자라는 점 말고도 신분적으로도 다가갈 수 없는 존재임을 말하고 있다.

절대 문장에 특출한 재주 천금을 줘도 한번 만나기 어
려운 분
갈가마귀, 봉황과 어울려 짝이 될 수 있으랴
천한 몸에 과한 복 재앙이 될 줄 알았네.

- 「남당사」 7절

　이로부터 5년 후 다산은 유배에서 풀려나 고향으로 돌아가
게 된다. 홍임모는 돌아갈 날만 생각하는 다산이 내심 섭섭했
다. "어찌 알았으랴! 모두가 기뻐하던 그날이 우리 모녀의 기구
한 운명이 시작되는 것임을!" 「남당사」에 의하면 홍임과 그 어
머니는 강진의 다산초당에 머물며 떠나간 아버지와 남편을 한
없이 기다리는 존재다. "물이 막히고 산이 가려 기러기도 날아
오지 않아, 해가 지나도록 광주廣州 편지 얻을 수 없네." 한편 이
들에 대한 다른 이야기에 의하면, 홍임모는 해마다 찻잎이 새
로 돋아나면 따서 정성스럽게 제조하여 다산이 사는 마재로 보
냈다고 한다. 즉 다산이 시에서 "기러기 끊기고 잉어 잠긴 천 리
밖에, 매년 오는 소식 한 봉지 차로구나" 한 것이 그 증거이다.
「남당사」는 가족이라는 체제 밖에서 서성이는 한 여성의 속마
음을 곡진하게 다루었다는 점에서 그 자료적 가치가 있다.
　다음은 관비에서 사족의 첩이 된 옥비玉非라는 여성이 세

그림 7 **다산초당**, 국가유산청 국가유산포털에서 전재

속의 신분적 굴레에 몸뚱이 하나로 저항한 기록이다. 옥비는 15세기 함경도 경원부慶源府 소속의 관비官婢였다. 그녀는 변장邊將으로 온 진주 출신 무인武人의 수청을 들다가 장수가 귀향할 때 함께 따라가 그의 첩이 되는데, 성종 연간인 1470-80년대의 일이다. 관비는 국가의 재산이기에 개인이 함부로 소유할 수 없다. 그렇다면 옥비가 양반의 첩이 될 수 있었던 것은 속량贖良하여 양인이 되었거나 그런 절차 없이 신분을 속인 두 가지 경우이다. 여러 자료에서는 그녀가 '신분을 속이고 진주로 숨어들었다'고 서술하고 있는데, 신분 상승을 꿈꾼 옥비의 의지가 있었던 것으로 보인다. 어쨌거나 옥비는 양반의 첩으로 새 삶을 시작했고, 많은 자식을 낳았으며 들키지 않고 별 탈 없이 살다 죽었다.

그런데 옥비가 진주로 옮겨 가 산 지 100여 년이 지나서 그녀의 존재가 새롭게 부각된다. 변경 백성들의 이탈이 늘어나자 그들을 추적하여 다시 본래의 거주지로 옮겨다 놓는 쇄환령이 강화된 것이다. 마침 경원에 충군充軍으로 온 진주 사람 강필경姜弼慶이 옥비의 존재를 보고하게 된다. 1583년(선조 16) 당시의 경원부 일대는 여진과의 충돌이 잦아 매우 혼란스러웠다. 그해 2월에는 니탕개尼蕩介가 경원부를 함락시켰는데, 조정에서는 무과를 통해 선발한 100인을 이곳 방어에 투입한다. 이로써 적은 곧 진압되었지만 변경의 소요는 그칠 줄 몰랐다. 그 해결책으로 거주 이전이 금지되어 온 서북지역의 주민을 엄격히 관리하는 차원에서 이탈 방지책을 강화하는데, 와중에 옥비가 걸려든 것이다. 강필경의 보고를 받은 함경도 관찰사는 장계를 올려 조정에 알린다. 같은 해 4월 1일 자 실록에는 조정의 의결이 기록되어 있다. "경원부 속공 노비 옥비가 영남으로 돌아와 죽은 지가 이미 80년이 지났다. 하지만 법으로 보면 아직 경원부에 소속되어 있기에 법에 따라 그 자손들을 다 되돌려보내야 한다"

옥비의 자손 중 남자는 아내까지, 여자는 남편까지 연루하고, 천인賤人의 경우 그 주인까지 모두 경원부로 쇄환한다는 방침이 세워졌다. 윤승길(1540-1616)을 경차관으로 임명하여 경상도에 내려보내 해당자를 색출하도록 했다. 옥비가 죽은 지 80년이 지난 시점이었다. 옥비는 죽었지만 옥비의 자손들은 종모법에 의해 노비가 되어야 하고, 또 전가사변율全家徙邊律에 의해 원래 거주지로 돌아가야 하는 것이다. 옥비의 피를 받은 아내를 남편이 따르고, 옥비의 피를 받은 첩을 남편이 따라야 했다. 더구나 옥비의 후손들이 여러 고을에 흩어져 살고 있어 골라내기도 쉽지 않았다. 그럼에도 불구하고 정부의 강력한 의지에 따라 의욕적인 수사로 밝혀낸 옥비의 자손은 5백여 명이었다. 그중에는 사족이 된 자도 있고 종실과 혼인한 자도 있었다. 사족으로 행세하던 이들을 하루아침에 관비의 후손이라는 이유로 쇄환한다면 경상도 지역사회의 동요는 불 보듯 뻔한 일이다. 하지만 조정의 의지는 변함이 없이 환천還賤은 않되 쇄환刷還은 남김없이 하겠다는 것이다. 설마 했지만 전 가족 이동이 자행되었다.

> 아내가 되어 남편을 따라오기도 하고, 남편이 되어 아내를 따라오기도 하여 그 아내와 남편은 양민·천민을 가리지 않고 한 집안 식구로 논단하여 집안 식구늘이 남아나는 사람이 없었다. 천인들은 붙어살게 했다는 이유를 붙여 그 주인까지 강제로 데려왔으므로 더러는 한 여자에 두 지아비가 아울러 관여되기도 하고, 또 첩으로 인하여 그 정처正妻까지 데려오기도 하여 사족士族들도 그 속에 많이 끼여 있게 되었다. 데려올 때 도보나 혹은 말도 타고, 혹은 수레로 혹은 업혀서 오는데, 울부짖는 소리가 도로에 어지러우니 듣는 이가 모두 눈물을 흘렸으며, 길에서 쓰러져 죽는 자도 많았다.[103]

끌려가는 사람들의 원한이 하늘을 찔렀고 이로 인해 팔도의 민심이 크게 돌아섰다. 신분제를 공고히 하려는 지배층의 요구와 맞물린 어처구니없는 국가의 이 대책을 역사에서는 '옥비의 난'이라고 한다. 그들은 옥비의 죄를 "오래도록 양인 행세를 하며 자손을 모두 사족士族과 혼인시켰다"고 했는데, 곧 신분질서를 교란시킨 자라는 것이다. 이로부터 5년이 지난 1589년(선조 22)의 기록에는 옥비의 자손 2백여 명이 경원부로 쇄환되었다고 한다. 적지 않은 숫자이다. 이후 사람들에게 옥비 사건은 민심에 근거하지 않은 억지 정책으로 큰 환란을 불러온 참사로 기억되었다. 나아가 신분제를 공고히 하려는 국가 정책을 비판하는 자료가 되기도 했다. 하지만 다른 각도에도 보면 옥비는 가부장제가 그토록 신성시한 '혈통의 권위'에 의문을 제기한 여성이다. 몸으로 보여 준 것이다. 양반 사족이 된 옥비의 자손들을 볼 때 양반의 피와 천민의 피가 따로 있는 것이 아니라 제도와 이념이 그렇게 구분한 것이다.

율곡의 『석담일기』에 의하면 정난정鄭蘭貞(1506-1565)은 윤원형의 첩이었다가 본처를 내쫓고 부인夫人이 되었다. 난정은 윤원형을 움직여 뇌물을 받고 수탈을 일삼아 자신의 욕구를 채웠다. 생살여탈권을 쥐고 권력을 농단한 지 20년, 그들이 소유한 저택 10채에는 재화가 흘러넘쳤다. 원형이 실각하자 백성들이 그에게 돌을 던지고 욕을 하며 죽이려고 덤벼들자 둘은 황해도 강음江陰으로 달아났다. 지은 죄가 워낙 엄청나 난정을 의금부에 하옥시키라는 요구가 빗발치지만 임금은 계속 머뭇거리며

그림 8 | 정난정의 묘, 사진 이숙인

허락하지 않았다. 결국 난정은 자신을 옥죄어 오던 형벌에 대한 두려움으로 자살을 하는데, 며칠 후 원형도 죽었다. 당시의 여론이기도 한 이런 모습의 정난정은 사극을 통해서 우리에게도 익숙하다. 즉 몽매한 남성 권력자를 색기色氣로 장악하고 배후에서 조종하여 기존 질서에 균열을 낸 파괴력 넘치는 여자인 것이다.[104]

그런데 서녀로 태어나 엄격한 신분 체제와 대항하며 이른바 성공이라는 코드에 맞게 자기 삶의 조건을 만들어 간 것에 주목할 수도 있다. 정난정은 무관인 양반 아버지와 관비 어머니 사이에서 태어난 서녀로 조금 성장하여 기녀가 되었다. 윤원형의 첩이 된 정확한 시점을 알 수는 없지만 4남 2녀의 자녀를 낳아 기른 것을 보면 스무 살을 전후하여 인연을 맺은 것으로 보인다. 기녀의 신분으로 왕비 동생의 첩, 즉 왕실 외척의 일원이 된다는 것은 보통의 수완으로는 불가능하다. 윤원형의 첩으로 지내던 그녀가 본처 김씨를 몰아내고 정실부인의 자리를 차지한 것은 나이 50이 가까워서이다. 『경국대전』에 '첩은 처가 될 수 없다'고 규정해 놓았지만 당시의 권력 문정왕후의 승인으로 난정은 외명부 정1품 정경부인에까지 오른다. 신분의 수레바퀴에서 신음하던 한 여자의 인간 승리, 부정할 수 없는 사실이다. 하지만 역사란 늘 명암이 있고 아이러니한 것들이 뒤섞인 흥미로운 해석의 장이다.

윤원형(1503-1565)은 누나 문정왕후를 등에 업고 권력 농단을 일삼아 사림士林의 울분을 자아낸 것으로도 유명하다. 윤원형 부부는 기름진 전답을 걸신들린 듯 마구 취해 사가私家가 나라보다도 부하고 개인이 임금보다도 사치스러웠다고 한다. 그의 탐욕은 욕망의 화신 정난정으로 인해 더욱 부각되고 그녀의 악행 또는 한없이 부풀려진다. 본처 김씨를 독살했다는 소문도 그중 하나인데, 국왕 명종은 근거 없는 음모라며 단칼에 일축해 버린다. 사람들은 만인지상萬人之上의 자리를 꿰어 찬 천민 정난정을 도저히 봐줄 수가 없었던 것이다.

정난정은 여기서 멈추지 않았다. 남편을 부추겨 처와 첩, 적자녀와 서자녀를 차별하는 기존의 법안을 폐기하도록 한다. 1553년(명종 8), 윤원형이 측근을 통해 제안한 '서얼허통론'이 그것이다. 허통의 논리에 의하면, 1백 년 동안 막혔던 서얼들의 진로를 허통하는 것은 나라의 오랜 숙원이고, 식견 있는 선비라면 모두가 원하는 것이다. 또 서얼 중에서 호걸다운 인재가 있어도 등용되지 못하고 헛되이 늙는 경우가 많았다는 것이다. 하지만 서얼허통의 제안은 찬성과 반대의 치열한 공방을 벌이며 난항을 겪게 되는데, 이른바 신분질서를 뒤집어 나라를 다시 세우는 것만큼이나 어려운 일이었기 때문이다. 사욕의 발동으로 추진된 일이긴 하지만 정난정처럼 대찬 인물이었기에 국정을 흔들며 밀어붙일 수 있었던 것이다.

서얼허통이 열리자 정난정은 그녀 소생의 자녀들을 사대부 집안과 혼인시켜 주변을 공고히 한다. 정난정 부부가 총애하는 사위들인 안덕대安德大와 이조민李肇敏의 주변에는 동서분당의 주역인 심의겸沈義謙·김효원金孝元을 비롯한 적잖은 인물들이 모여들었다. 정난정 부부는 사위 안덕대의 친척인 황대임의 딸을, 사주四柱를 조작하기까지 하여 순회세자(1551-1563)의 빈嬪으로 밀어 넣는다. 그런데 세자빈 책봉례를 행한 지 한 달 만에 고질이 발병한 황씨가 후궁으로 강등되면서, 다시 윤옥尹玉의 딸 윤씨가 세자빈으로 선발된다. 건강을 속여 세자빈에 천거한 것은 국본을 흔든 행위라며 여론이 들끓은 것도 잠시, 정난정 부부는 중종의 손자이자 덕흥군의 아들인 정2품의 왕자를 사위로 맞아 세자를 잃은 명종의 보위를 잇고자 기획하기도 한다. 처의 지위를 획득한 정난정은 자녀들의 신분 세탁을 주도면밀하게 추진하는 등 금지되었던 자신의 욕망을 하나씩 실현해 간 것이다. 정난정은 자신을 천한 서출로 대접하며 무시한 적조카에게 죄를 얽어 해치려 했는데, 그녀의 어머니가 나서서 "종손을 해친다면 차라리 내가 죽겠다"고 할 정도였으니 그 무소불위의 권력 행사를 짐작할 수 있다.

정난정의 꿈이 실현되고 권력이 더해 갈수록 그녀를 향한 혐오의 감정들도 덩달아 거세졌다. 물론 혐오감이 날개를 난 듯 아무 말 잔치하듯 그녀를 공격한 것은 권력이 그녀를 떠난 후의 일이다. 정경부인 정난정에게 이익을 구걸하는 자와 그런 자를 조롱하는 자 등 그녀를 중심에 놓고 수많은 일화가 제조되었다. 의원 송윤덕의 이야기도 그중 하나다. 정난정이 등에 종기가 나자 의원 송윤덕이 침으로 치료를 하게 되었는데, 종기 난 곳을 빨아 주어 마음을 사려고 했다는 것이다. 그리고 윤원형을 용서 못 할 죄인으로 규정하는 첫 항목이 '첩을 처로 삼은 것'이다. 자신의 권력 행사에 장애가 되는 수많은 사람을 무고하게 얽어 죽이거나 귀양 보낸 을사년의 사화士禍보다도 강상을 어지럽힌 '첩을 정처로 삼은 죄'가 더 컸다. 사신史臣의 말로 대표된 당시의 여론은 언필칭 첩타령이다. "하늘을 속여 첩을 부인으로 삼았고, 문정왕후의 환후가 악화되었을 때 자기 첩을 궁중으로 들여보내 내의內醫를 호령하고 잡약雜藥을 마구 시험하게 했습니다."105

예견된 것처럼 정난정 부부의 뒤를 봐주던 문정왕후가 죽자 그들을 공격하는 상소가 빗발쳤다. 왕의 외숙으로 우의정과 영의정 등 최고 자리에 앉아 세도를 부리던 윤원형은 삭탈관직되었다. 한편 정난정은 남편의 전처 김씨의 친정에서 제기한 '적실 부인 살해'사건에 휘말린다. 전처 김씨의 계모 강씨가 올린 소장에 의하면, 굶주려 방치된 김씨가 음식을 달라고 하자 그 안에 독약을 넣어 여종 구슬을 시켜 올리게 했다는 것이다. 정난정을 두고 조작과 음해가 판을 치자 명종은 "근년에 인심이 완악하고 거짓스럽다"는 말로 고소 고발의 작태에 철퇴를 가한다.

물건과 인간의 경계인境界人에서 여자 인간 최고의 자리 정경부인에 오르기까지 격동의 60년을 보낸 정난정. 그녀를 잡아다 법정에 세우라는 아우성을 뒤로한 채 자살로 삶을 마감한 최후의 순간에 정난정은 무슨 생각을 했을까. 정난정이 열어 준 서얼허통은 잠시뿐 강상 윤리의 기치를 내건 '적처들'의 반격으로 무산되었다. 천민의 굴레를 벗어나기 위해 몸부림친, 정난정의 성공 신화를 누구라서 비웃을 것인가.

첩은 측실, 부실, 소실이라는 이름으로 조선시대 가족문화의 한 축을 이루어 왔다. 가족이면서 낮고 천한 신분을 부여받은, 여성 삶의 한 유형이었던 첩은 근대 직전까지 제도적으로 승인된 존재였다. 첩의 수가 얼마나 되는지 전 인구에서 차지하는 비율이 얼마인지 알 수 없는 가운데 서얼이라는 소생 자녀들의 비율로 그 수를 추산할 뿐이다. 즉 18세기의 영조는 서얼이 나라의 절반을 차지한다고 했고, 정조는 서류庶類를 빼면 일국의 절반을 잃는 것이라고 했다.[106] 첩의 신분인 여성의 수가 인구 수를 좌우할 만큼 많았음을 알 수 있다. 이에 정조는 서류 소통의 방도를 구하라는 하교를 내린다.

> "옛날 우리 선조 대왕께서 하교하기를, '해바라기가 해
> 를 향하여 기우는 데 있어 곁가지를 따지지 않는 것인
> 데 인신이 충성을 바침에 있어 어찌 반드시 정적正嫡에
> 게만 해당하겠는가?' 하였으니, 위대한 성인聖人의 말씀
> 이었다. … 아! 필부匹夫가 원통함을 품어도 천화天和를

손상시키기에 충분한 것인데 더구나 허다한 서류庶流
들의 숫자가 몇 억 정도뿐만이 아니니 그 사이에 준재
俊才를 지닌 선비로서 나라에 쓰임이 될 만한 사람이 어
찌 없겠는가?"107

이에 이조吏曹에서 서류 소통의 방안을 올리는데, 중요한 내
용을 요약하면 다음과 같다. 서얼의 벼슬길을 막는 것은 유독
우리나라에만 있는 법法으로 재주와 학문이 동류 가운데 뛰어
난 선비라도 다 폐기시키고 기용하지 않았으니 하늘이 인재를
낸 뜻에 맞지도 않고 왕자王者가 어진 인재를 기용하는 도리에
도 부합하지 않는다. 이러한 원칙론으로 시작된 이조의 절목은
서류에게 허락되는 관직과 직급을 세세하게 제시하였다. 그런
데 마지막 부분에서 이러한 단서를 달고 있다. "서얼이 점차 사
로仕路로 나온 뒤에 혹 적파嫡派가 잔약하게 된 것으로 인하여 명
분을 괴란시키는 죄를 저지를 경우에는 서얼이 적자를 능멸한
율律로 다스린다."108 개혁 군주 정조의 서얼허통 정책은 서얼이
적자를 무시하지 않는, 즉 적서의 명분을 유지하는 범위 내에서
허용되는 것이었다.

조선이 건국되고 400여 년이 흐른 18세기 말, 경상·충청·전
라의 유생 3천2백7십2인은 처첩 및 적서의 차별을 비판하는 상

소를 제출한다. 전년前年에 왕이 보인 서류 소통의 당위성에 힘을 받은 것이다. 상소에 의하면 서얼들은 한 집안뿐 아니라 한 고을 한 나라 전체에 적용되어 한 나라의 백성 절반이 금고를 당해 왔다. 서얼들이 연대하며 집단의 힘으로 사회를 향해 문제를 던진 것이다.

대저 하늘이 인재를 탄생시킴에 있어서는 존비尊卑를 구별하지 않는 것이고, 백성의 충성을 바치기를 원함에 있어서는 귀천貴賤의 차이가 없는 것입니다. … (역사에는) 어머니가 비천했기 때문에 모두 서자庶子라는 이름이 있었습니다만, 칭송할 만한 많은 선비들이 있습니다. … 또 '왕자王者는 사람을 기용함에 있어 문지門地에 구애받지 않아야 하니, 이것이 천리에 있어 당연한 것이다' 하였고, 또 '인기人紀를 손상시키고 천도天道를 해치는 것이 이보다 더 극심한 것이 없다' 하였고, 또, '한낱 명분 때문에 방한防限하는 것은 당초 조종조에서 정한 법이 아니다' 하였습니다. … 신 등은 어수선하여 사는 것이 즐거운 마음이 없어져서 글을 읽는 사람은 책을 덮어 버리고 무예를 익힌 자는 활을 던져 버린 채 천리 청구靑丘 땅에서 천정을 바라보며 비통한 탄식을

하는 것이 열 집이면 다섯 집은 그러했습니다. …109

그런데 이 운동의 주체가 된 서얼은 "아버지를 계승해야 하는 아들", 즉 서얼 남성들이다. 그렇다면 서얼 여성들의 문제의식은 남성들과 어떻게 같고 어떻게 다른가, 자기 인식과 행위를 지속적으로 발굴하여 의미화할 필요가 있다.

서자녀 가운데 부모의 재능이나 자질을 물려받은 자가 없을 수 없지만 역사는 그들의 존재를 숨겨 왔다. 조선에서는 약간의 벼슬이나 학문만 있어도 그것을 기반으로 자녀들의 앞날이 열렸건만, 친가 외가가 아무리 대단해도 서자 서녀라면 이야기가 달라진다. 조선시대 기억의 계보에서 서자 서녀는 분명 거추장스런 존재였다.

한편 처첩의 제도는 여성의 심리적 구조와 문화적 습관에 절대적인 영향력을 끼치는데, 여성들 사이의 연대를 방해한 것도 그중 하나다. 처와 첩의 화목을 부덕婦德으로 강조한 것은 처첩제의 근원적인 모순과 갈등을 해소하기 위한 방법이었음을 알 필요가 있다. 이러한 차별의 역사를 확인하고 성찰하는 맥락에서 첩에 대한 다면적인 접근이 필요했다.

조선 전기 15세기는 신유학적 가족 이념에 따라 처첩 및 적서의 제도화가 추진되는데, '예무이적禮無二嫡'의 유교 혼인관을 따라 일처一妻 외는 모두 첩으로 논정하는 '처첩분간법'이 발호되었다. 아버지의 자식으로 누리던 동등한 권리가 어머니의 신분에 따라 강등되거나 박탈되는 법이었다. 가진 것이 많은 귀족이나 사족의 경우 특히 민감하여 내부에서 해결이 안 되어 소송으로 번지는 경우가 허다했다. 이에 처첩분간의 기준을 정하는데 혼서婚書의 유무와 성례成禮의 여부가 하나의 기준이 되었다. 이것을 밝히기 어려울 경우 '은의恩義의 후박厚薄'을 기준으로 삼는 등 처첩분간을 위한 논리와 담론이 개발되었다. 처첩의 제도화는 신유학적 가족 개조라는 이념적인 문제보다 가족 내부의 권리와 재산을 계승할 자를 정하는 문제 즉 정치 경제적 분배 문제가 더 컸을 것이다.

처첩분간이 일단락된 16세기 이후에는 첩 담론이 새로운 국면으로 접어드는데, 첩의 지위에 관한 예학적 해석이 펼쳐진다. 가족 내 첩의 자리는 낮고 불안정하며 권리 또한 거의 없는 것에 비해 가족에 대한 의무는 처 못지않게 무거웠는데, '첩이 입는 복服', 즉 첩복도妾服圖를 통해 확인할 수 있었다. 첩에게 부여된 복상의 의무는 남편, 남편의 부모와 남편의 처, 남편의 자녀 등에 관한 것이다. 첩에 관한 예학적 담론은 『의례』와 『경국대전』 등의 기존 예법에 근거하지만 조선 후기는 첩의 의무를 가중시키고 첩의 지위를 강등시키는 방향으로 해석하고 있음을 각종

예설을 통해 확인할 수 있었다.

　이어서 현실 가족으로 들어가 첩을 들이는 목적을 세 유형으로 나누고 그 구체적인 사례를 살폈다. 첫 번째 유형은 '나'의 생물학적 자식, 생자生子에 목적을 둔 첩이다. 두 번째 유형은 처가 생존해 있지만 주부 역할을 할 수 없는 경우 또는 노년에 들어 사별하여 대등한 신분에서 처를 맞이할 수 없는 경우 첩이 선택되는데, 이 경우를 '생활의 관리와 수발'을 위한 첩으로 보았다. 세 번째 유형은 정실이 생존해 있고 후사로 삼을 자식이 있는데도 첩을 들이는 경우다. 앞의 두 경우를 제외하면 대부분의 축첩은 권력이나 부를 가진 남성이 선택할 수 있는 유형, 바로 낭만화된 첩, 성과 결부된 경우다.

　끝으로 첩의 자기 인식과 도전의 사례를 살펴보았다. 첩이나 서녀가 세상에 드러나는 것은 자기 목소리나 자기 서술에 의한 것이 아니라 누군가에 의해 서술되었을 경우다. 직접적인 자료라기보다 간접적인 자료를 통해 유추하는 방식으로 그녀들의 자기 인식을 살펴보았다. 조선시대 여성 삶의 한 유형인 첩은 여성과 가족 연구뿐 아니라 여성 주변화의 기제와 논리를 보여 준다는 점에서 지속적인 관심이 요구되는 주제이다.

주석

1   "남편은 아내의 하늘이다夫者. 妻之天也]."(『儀禮』「喪服傳」) "남편은 아내의 근본이다夫爲
    婦綱]."(『春秋繁露』) 등에서 확인할 수 있다.

2   첩 관련 초기 연구로는 이상백,「庶孽差待의 淵源에 대한 一問題」,『진단학보』1, 진
    단학회, 1934; 김두헌,『한국가족제도연구』, 서울대학교출판부, 1969 등이 있고, 첩
    을 전면에 내세운 연구로는 배재홍,「朝鮮時代 妾子女의 財産相續과 存在樣態」,『대
    구사학』39, 대구사학회, 1990; 조지만,「《大明律》상 범죄와 형벌의 비례: 처첩을 중
    심으로 한 변형」,『법사학연구』53, 한국법사학회, 2016; 박경,「朝鮮前期 妻妾秩序 確
    立에 대한 考察」,『이화사학연구』27, 이화사학연구소, 2000; 정지영,「[기획주제: 여성과
    법, 제도] 조선시대 첩에 대한 포섭과 배제의 장치들: 법전류의 첩 관련 규정 분석을 중
    심으로」,『한국고전여성문학연구』9, 한국고전여성문학회, 2009; 김경미,「서녀(庶女):
    가족 속의 경계인, 역사 속의 주변인」, 한국고전여성문학회,『한국 고전문학 속의 가
    족과 여성』, 월인, 2007 등이 있다.

3   이숙인,『동아시아 고대의 여성사상』, 도서출판 여이연, 2005; 杜芳琴,『女性觀念的衍
    變』, 河南人民出版社, 1988, 19頁.

4   조선사회 서얼차대법의 원인을 구명한 김두헌은 '예교 영향설', 즉 유교를 국교로 함
    으로서 종법제의 처첩제를 수용했기 때문으로 보았다(김두헌, 앞의 책, 292-293쪽).

5   "妻婦與夫齊者也."(『說文解字』「女部」); "妻者, 齊也, 與夫齊體."(『白虎通』「嫁娶」;『毛詩』「十月
    之交」鄭玄注) "妾者, 接也. 以時接見也."(『白虎通』「嫁娶」); "妾接也. 以賤見接幸也."(劉熙,
    「釋名」)

6   처첩에 대한 이러한 인식은 법령에도 그대로 반영되었다. "처(妻)는 제(齊)이니 남편과
    한 몸이 되는 사람이고, 첩(妾)은 접(接)이니 겨우 접견만 할 수 있을 뿐이다. 귀함과
    천함이 본래 정해진 분수가 있어 바꿀 수 없다. 따라서 처를 첩으로 삼는 자는 장 1백
    이다."(『大明律釋義』卷6, 4章)

7   "聘則爲妻, 奔則爲妾."(『禮記』「內則」)

8 『戰國策』「燕策」.

9 "妾爲女君. 傳曰, 何以期也? 妾之事女君, 與婦之事舅姑等."(『儀禮』「喪服禮」)

10 "立子以貴不以長, 立嫡以長不以賢, 乃傳子法之精髓."(王國維,「殷周制度論」, 456-458頁)

11 "諸侯無二嫡"(『春秋左氏傳』 隱公5年), "幷后, 匹嫡, 兩政, 偶國, 亂之本也."(『春秋左氏傳』 桓公 18年)

12 "文王百子, 紹姜任太姒之徽."(『女範捷錄』「后德」); "螽斯緝羽, 頌太姒之仁."(『女範捷錄』「慈愛」)

13 "五霸, 桓公爲盛. 葵丘之會諸侯, 束牲 載書而不歃血. 初命曰, 誅不孝, 無易樹子, 無以 妾爲妻."(『孟子』「告子」下)

14 조선의 건국 주체들이 풍속의 정화와 사회 질서의 차원에서 혼인에 주목한 것은 명 (明) 건국기의 문제의식과 유사하다. 명 태조 주원장은 즉위 초에 원말의 혼란스러운 사회 풍속을 단속하기 위해 우선적으로 혼인 제도를 정비하고 이를 강력히 시행하였 다(『明太祖實錄』, 洪武元年 12月 7日). 명대의 혼인제도는 일부일처(一夫一妻)의 빙취혼(聘娶 婚)이다(『大明律直解』6卷,「戶律·婚姻」).

15 배재홍,「조선 전기 처첩분간과 서얼(庶孼)」,『대구사학』41, 대구사학회, 1992.

16 『태종실록』32권, 태종 16년 8월 21일 경진.

17 『예기』에서는 "예의 근본은 혼인에 있다(禮本于昏)"고 하고,『소학』은 "부부는 인륜의 시작(夫婦人倫之始)"이라고 한다.『중용』은 "군자의 도는 부부에 단서가 있다(造端乎夫婦)" 고 하고,『순자』는 "부부의 도는 바르지 않을 수 없으니 군신·부자의 근본이다(夫婦之 道, 不可不正也, 君臣父子之本也)"라고 한다.

18 조선시대에는 김조순(1765-1832)과 박지원(1737-1805) 등이 있고(『승정원일기』 2837책(탈초본 131책), 고종 14년 4월 6일) 근대에는 왕실 내부의 특수한 사정으로 본 이상백, 앞의 논문 이 있다.

19 『태종실록』25권, 태종 13년 4월 16일 갑자.

20 『세종실록』63권, 세종 16년 1월 20일 무술.

21 『세조실록』21권, 세조 6년 8월 27일 경오.

22 『경국대전』「예전·제과」, "再嫁失行婦女子及孫, 庶孼子孫, 勿許赴文科·生員·進士 試."

23 『大明律集解附例』350頁.

24 『세종실록』47권, 세종 12년 2월 12일 계미.

25 『세종실록』47권, 세종 12년 2월 17일 무자.

26 『성종실록』 35권, 성종 4년 10월 1일 기미.

27 장현광, 『여헌집·속집』 4, 「제시조잉유성중로소설(祭始祖仍喩姓中老少說)」.

28 『성종실록』 69권, 성종 7년 7월 8일 기유.

29 『성종실록』 74권, 성종 7년 12월 8일 징축.

30 『중종실록』 2권, 중종 2년 2월 1일 을해; 중종 2년 윤1월 6일 경술의 기사 참조.

31 "聘則爲妻, 奔則爲妾."(『禮記』「內則」)

32 "無以妾爲妻."(『孟子』「告子」下)

33 배재홍, 앞의 논문, 1992.

34 이이, 『율곡전서』 23, 『성학집요』.

35 송시열, 『송자대전』 30, 「여송명보(與宋明甫)」; 『동춘당집』 별집 제5권, 「답송영보송렬
   (答宋英甫宋烈)」.

36 이이, 앞의 책.

37 『禮記』「喪服小記」, "士妾有子而爲之緦, 無子則已."; 유장원, 『상변통고』, "君爲妾緦."

38 김장생, 『사계전서』 27; 김장생, 『가례집람』 「상례(喪禮)·성복(成服)」.

39 유장원, 『상변통고』 11, 「상례(喪禮)·첩서복(妾庶服)」.

40 송준길이 김장생에게 편지로 질문하며 정경세(1563-1633)의 말을 인용한 내용이다(『동
   춘당별집』 2권, 「상사계선생(上沙溪先生)」).

41 김장생, 『사계전서』 16, 「경서변의(經書辨疑)」.

42 윤증, 『명재유고』 19, 「여민언휘(與閔彦暉)」.

43 임성주, 『녹문집』 14, 「경의(經義)·의례(儀禮)」.

44 임성주, 『녹문집』 14, 「답혹인(答或人)」.

45 송준길, 『동춘당집』 별집 제2권, 「상사계선생(上沙溪先生)」.

46 이현일, 『갈암집』 13, 「답황용오(答黃用五)」.

47 이현일, 『갈암집 속집』 2, 「답남규서제명문목(答南圭瑞濟明問目)」.

48 송시열, 『송자대전』 부록 제18권.

49 윤증, 『명재유고』 31, 「호서 유생을 대신하여 예를 논한 상소(代湖西儒生論禮疏)」.

50 이익, 『성호전집』 39, 「김사계의례문해변의상(金沙溪疑禮問解辨疑上)」.

51 윤휴, 『백호전서』 37, 「독서기(讀書記)·대학(大學)」.

52 이현일, 『갈암집』 5, 「논수신정가차(論修身正家箚)」.

53 윤증, 『명재유고』 31, 앞의 글, '적서의 호칭에 대하여.'

54 신흠, 『상촌집』 29, 「사헌부대사헌김공행장(司憲府大司憲金公行狀)」.

55 송시열, 『송자대전』 134, 「얼첩(孽妾)을 사절한 일」.

56 허목, 『기언』 42, 「첩증조고김씨묘표(妾曾祖姑金氏墓表)」.

57 윤선도, 『고산유고』 3, 「위서제선양서(慰庶弟善養書)」.

58 윤선도, 『고산유고』 3, 「답인서(答人書)」.

59 윤선도, 『고산유고』 4, 「답안생서익서(答安甥瑞翼書)」.

60 이식, 『택당집』 4, 「서모천장만사(庶母遷葬挽詞)」.

61 정약용, 『다산시문집』 12, 「서얼론(庶孽論)」.

62 "謂年四十而有子, 雖無子而年未四十, 均之不許娶妾也."(『大明律集解附例』 655頁下)

63 이이, 『율곡전서』 33, 34, 「율곡선생연보」.

64 이이, 『율곡전서』 35, 「행장」.

65 남평 조씨, 『병자일기』, 1637년 4월 10일. "갓난아이를 보니 얼굴이 영감을 닮은 곳이 많다."

66 채제공, 『번암집』 59, 「서자홍근혼서(庶子弘謹婚書)」.

67 채제공, 『번암집』 38, 「제망실정경부인권씨문(祭亡室貞敬夫人權氏文)」.

68 최한기, 『신기통』, 「생통(生通)」.

69 "文王百子, 紹姜任太姒之徽."(『女範捷錄』 「后德」) "螽斯緝羽, 頌太姒之仁."(『女範捷錄』 「慈愛」)

70 송준길, 『신독재전서』 15, 「연보」 상; 송준길, 『신독재전서』 19, 「신독재시장(愼獨齋諡狀)」.

71 송시열, 『송자대전』 182, 「신독재김선생묘지명병서(愼獨齋金先生墓誌銘幷序)」.

72 『퇴계선생연보』 1.

73 송익필, 『구봉집』 3, 「은아전(銀娥傳)」. 성혼의 『우계집』 6에서 같은 제목으로 수록되어 있는데, 두 책의 은아는 같은 인물이다.

74 정약용, 『다산시문집』 16, 「서모김씨묘지명(庶母金氏墓誌銘)」.

75 조선 후기 상황과 크게 다르지 않은 한성부 호적에 의하면 첩과 호주의 나이 차가 통상 10세 이상이고 21세 이상이거나 최고 52세 차이가 나는 경우도 있었다. 조은·조성윤, 「한말 서울지역 첩의 존재양식」, 『사회와 역사』 65, 한국사회사학회, 2004.

76 정약용, 『다산시문집』 18, 「가계(家誡)」.

77 이숙인, 「귀양지에서 다산을 되살리다, 소실 홍임모(洪任母)」, 『또 하나의 조선』, 한겨레출판사, 2021.

78 이곡, 『가정집』 14, 「첩박명(妾薄命)·용태백운(用太白韻)」.

79 이백, 『이태백집』 3, 「첩박명(妾薄命)」. 한무제 유철의 황후인 진황후[阿嬌]의 고사를 소
   재로 한 악부다.

80 이곡, 앞의 글.

81 이시발, 『벽오유고』 5, 「祭側室文」.

82 『벽오유고』 연보, 『경주이씨세보』 참조.

83 유희춘, 『미암일기초』 5, 병자년(1576) 10월 9일.

84 경상도 단성현 호적대장에 기록된 사람들 가운데 첩으로 표시된 경우를 분석한 연
   구에 따르면 1678년에는 전체 2117호(양반호 315호 포함)의 1%에 해당하는 22호가 첩을
   둔 호였고, 100년 후인 1789년에는 전체 2683호(양반호 908호)의 0.4%에 해당하는 11호
   가 첩을 둔 호였다(정지영, 「조선 후기의 첩과 가족 질서: 가부장제와 여성의 위계」, 『사회와 역사』 65,
   한국사회사학회, 2004).

85 『경국대전』 「이전(吏典)·외명부(外命婦)」.

86 『경세유표』 3, 「천관수제(天官修制)」.

87 『중종실록』 14권, 중종 6년 10월 26일 계묘. 윤계는 이호의 적녀와 혼인을 하지만 7년
   이 지난 중종 13년에 호조 정랑 윤계는 남의 아내(강은과 혼약한 적녀를 가리킴)를 빼앗은
   죄로 탄핵되고 아내 이씨와 이혼한다.

88 조관빈, 『회헌집』 16, 「측출녀모애애사(側出女母愛哀辭)」.

89 송시열, 『송자대전』 부록 17, 「어록(語錄)」.

90 송시열, 『송자대전』 57, 「답민대수(答閔大受)」.

91 송시열, 『송자대전』 130, 「율곡별집정오(栗谷別集訂誤)」.

92 이시발, 『벽오유고』 5, 「답오산구석결명어녀(答玉山求石決明於女)」. "精乾石決明, 老子宜
   佐酒, 留心須寄來, 此物偏悅口."(原韻) "海月百箇團, 秋露一壺酒, 區區小女心, 養志兼
   養口."(次韻)

93 이시발, 『벽오유고』 5, 「제측실문(祭側室文)」.

94 『동국여지지』 1, 「경도(京都)」.

95 최립, 『간이집』 8, 「주인사상부실이만사(主人使相副室李挽詞)」.

96 어머니인 자신의 신분으로 인해 서자가 된 이씨의 두 아들 경충과 경선은 각각 무과
   와 문과에 급제하였고, 이괄의 난을 진압한 공로로 적자의 자격을 얻는다(『경주이씨세
   보』 참조).

97 김경미는 서녀를 '이중으로 소외된 존재'로 규정한다(김경미, 「서녀: 가족 속의 경계인, 역사

속의 주변인」, 『한국 고전문학 속의 가족과 여성』, 월인, 2007).

98 『청장관전서』 32, 「청비록(清脾錄) 1・김고성부실(金高城副室)」.

99 기대승, 『고봉전서』, 「고봉연보」.

100 송익필, 『구봉집』 4, 「답호원서(答浩原書)」.

101 박세당, 『서계집』 9, 「동래정군묘지명(東萊鄭君墓誌銘)」.

102 이숙인, 앞의 책, 2021.

103 『계갑일록』 1584년 5월 17일 임진.

104 이숙인, 「성공을 향한 몸부림, 정난정」, 『또 하나의 조선』, 한겨레출판사, 2021.

105 『명종실록』 31권, 명종 20년 8월 3일 정묘.

106 『순조실록』 26권, 순조 23년 7월 25일 신묘.

107 『정조실록』 3권, 정조 1년 3월 21일 정해.

108 같은 기사.

109 『정조실록』 6권, 정조 2년 8월 1일 무오.

참고문헌

『대명률석의』.
『대명률직해』.
『동국여지지』.
『맹자』.
『백호통』.
『설문해자』.
『승정원일기』.
『女範捷錄』.
『예기』.
『의례』.
『전국책』.
『춘추좌전』.
『태종실록』, 『세조실록』, 『성종실록』, 『중종실록』, 『정조실록』, 『순조실록』.

김장생, 『가례집람』.
_____, 『사계전서』.
김집, 『신독재전서』.
남평조씨, 『병자일기』.
박세당, 『서계집』.
송시열, 『송자대전』.

송익필, 『구봉집』.

송준길, 『동춘당별집』.

신흠, 『상촌집』.

우성전, 『계갑일록』.

유장원, 『상변통고』.

유희춘, 『미암일기초』.

윤선도, 『고산유고』.

윤증, 『명재유고』.

이곡, 『가정집』.

이덕무, 『청장관전서』.

이시발, 『벽오유고』.

이식, 『택당집』.

이이, 『율곡전서』.

이익, 『성호전집』.

이현일, 『갈암집』.

임성주, 『녹문집』.

정약용, 『다산시문집』.

조관빈, 『회헌집』.

채제공, 『번암집』.

최립, 『간이집』.

최한기, 『신기통』.

허목, 『기언』.

김경미, 「서녀: 가족 속의 경계인, 역사 속의 주변인」, 한국고전여성문학회,
    『한국 고전문학 속의 가족과 여성』, 월인, 2007.

김두헌, 『한국가족제도연구』, 서울대학교출판부, 1969.

박경, 「朝鮮前期 妻妾秩序 確立에 대한 考察」, 『이화사학연구』 27, 이화사학 연구소, 2000.

배재홍, 「朝鮮時代 妾子女의 財産相續과 存在樣態」, 『대구사학』 39, 대구사 학회, 1990.

_____, 「조선 전기 처첩분간과 서얼」, 『대구사학』 41, 대구사학회, 1992.

_____, 「朝鮮時代 庶孽 差待論과 通用論」, 『경북사학』 21, 경북사학회, 1998.

이상백, 「庶孽差待의 淵源에 대한 一問題」, 『진단학보』 1, 진단학회 1934.

이숙인, 『동아시아 고대의 여성사상』, 도서출판 여이연, 2005.

_____, 『신사임당』, 문학동네, 2018.

_____, 『또 하나의 조선』, 한겨레출판사, 2021.

_____, 「조선시대의 첩과 서녀: 제도 담론 자기인식」, 『인문논총』 81, 서울 대학교 인문학연구원, 2024.

이종서, 「고려 후기 얼자(孽子)의 지위 향상과 그 역사석 배경」, 『역사와 현 실』 97, 한국역사연구회, 2015.

이종일, 「18, 19세기의 서울소통운동에 대하여」, 『한국사연구』 58, 한국사연 구회, 1987.

_____, 「朝鮮後期의 嫡庶身分變動에 대하여: 綾城具氏 左政丞公派의 嫡庶 是非를 중심으로」, 『한국사연구』 65, 한국사연구회, 1989.

장병인, 「조선 전기의 혼인제도와 여성의 지위」, 『역사비평』, 역사문제연구 소, 1994.

정지영, 「조선시대 첩에 대한 포섭과 배제의 장치들: 법전류의 첩 관련 규정 분석을 중심으로」, 『한국고전여성문학연구』 9, 한국고전여성문학 회, 2009.

조은·조성윤,「한말 서울지역 첩의 존재양식」,『사회와 역사』 65, 한국사회
　　사학회, 2004.

조지만,「《大明律》상 범죄와 형벌의 비례: 처첩을 중심으로 한 변형」,『법사
　　학연구』 53, 한국법사학회, 2016.

한기범,「17世紀 庶孽의 宗法的 地位: 禮問答書의 分析을 중심으로」,『충남
　　사학』 9, 충남사학회, 1998.

王國維,『殷周制度論』, 中華書局, 1959.

杜芳琴,『女性觀念的衍變』, 河南人民出版社, 1988.